Cornelia Schaumburg

Unter juristischer Beratung
von Heinz G. Tritschler

W0041680

BASISWISSEN : Maßregelvollzug

Psychiatrie-Verlag

Die Reihe *Basiswissen* wird herausgegeben von:
Ilse Eichenbrenner, Hiltrud Kruckenberg, Clemens Cording,
Michael Eink, Klaus Obert und Wulf Rössler

Schaumburg, Cornelia
Basiswissen: Maßregelvollzug
Basiswissen 1
ISBN 3-88414-334-4

Bibliografische Information Der Deutschen Bibliothek
Die Deutsche Bibliothek verzeichnet diese Publikation in der
Deutschen Nationalbibliografie; detaillierte bibliografische
Daten sind im Internet über http://dnb.ddb.de abrufbar.

In memoriam Dr. Christian Frey (1947–2001)

© Psychiatrie-Verlag, Bonn 2003
Kein Teil des Werkes darf ohne Zustimmung des Verlags
vervielfältigt oder verbreitet werden.
Umschlag, Typographie und Satz: Iga Bielejec, Nierstein
Druck und Bindung: WB-Druck, Rieden im Allgäu

Psychiatrie-Verlag im Internet: www.psychiatrie.de/verlag

Vorwort

Immer wieder wurde ich von neuen Mitarbeiterinnen und Mitarbeitern auf nachlesbare Informationen über die praktische Arbeit im Maßregelvollzug angesprochen, und immer wieder musste ich passen. Der allseits bekannte und angesehene »Volckart« ist letztlich eine Gesetzeszusammenstellung und -kommentierung, wenn auch eine erfreulich praxisnahe. Eine Einführung in die Alltagsarbeit im Maßregelvollzug gibt er jedoch nicht. Ich versuche im vorliegenden Buch diese Lücke zu schließen.

Ich will Mitarbeiter aller Berufsgruppen im Maßregelvollzug ansprechen, allerdings mehr die Neulinge als die »alten Hasen«. Außerdem wende ich mich an Ärzte und Psychologen, die die Zertifizierung in »Forensischer Psychiatrie« oder »Rechtspsychologie« anstreben und sich in diesem Rahmen mit dem Maßregelvollzug auseinander setzen möchten und müssen. In Teilen ist das Buch sicher auch interessant für Juristen, die sich über die Praxis des Maßregelvollzugs informieren wollen. Nicht zuletzt können interessierte Laien darin die »Insider-Informationen« finden, die sie benötigen, um sich mit dem Thema auseinander zu setzen.

Ich versuche einerseits, die gesetzlichen Grundlagen für den Maßregelvollzug zu vermitteln, was allerdings die Beschäftigung mit den Gesetzestexten im Original nicht ersetzt. Andererseits schildere ich die täglichen Aufgaben und Probleme. Ganz besonderen Wert lege ich auf die Zusammenarbeit zwischen Maßregelvollzugseinrichtungen und juristischen Institutionen und das Verständnis für die Rahmenbedingungen der jeweils anderen Seite. Manche Informationen tauchen im vorliegenden Buch mehrfach auf – diese Wiederholungen sind gewollt, sowohl um das entsprechende Wissen zu festigen als auch um die vielfältige Verzahnung zwischen den juristischen Bestimmungen und Abläufen sowie der Behandlung im Maßregelvollzug deutlich zu machen.

Durch die spektakuläre Flucht und durch schwerste Straftaten eines im Maßregelvollzug Untergebrachten im Jahr 2000, den »Fall Schmökel«, ist der Maßregelvollzug in den Blickpunkt der Öffentlichkeit und in Bewegung geraten ist; kritische Nachfragen, eine Erhöhung der Sicherheitsanforderungen und -standards und Handlungsanweisungen von politischer Seite bis hin zu Gesetzesänderungen sind die Folge. Ich versuche diese Punkte zu berücksichtigen, lege aber mehr Wert auf die Darstellung gewachsener Entwicklungen und Erfahrungen als auf die aktueller Reaktionen und Veränderungen.

Von ganzem Herzen bedanke ich mich bei Heinz G. Tritschler, Vizepräsident des Landgerichts Bautzen; ohne seine intensive und zugleich lehrreiche Unterstützung von juristischer Seite hätte dieses Buch nicht in der vorliegenden Form entstehen können. Meinen »Testlesern« Steffi Bennertz, Kerstin Hänsel, Dr. Volker Hocke, Dr. Gerhard Raff und Gerd Schwertner sage ich Dank für ihre Ermunterungen, ihre konstruktive Kritik und ihre Anregungen.

Cornelia Schaumburg

Was ist eigentlich eine »Maßregel«?

Bundesrechtliche Grundlagen

Die Maßregeln der Besserung und Sicherung sind im Strafgesetzbuch (StGB) verankert und gehören zu den Rechtsfolgen, die eine Straftat nach sich ziehen kann. Andere – in der Allgemeinheit bekanntere – Rechtsfolgen einer Straftat sind Freiheitsstrafen oder Geldstrafen. Vor allem Freiheitsstrafen werden nicht selten im Urteil neben einer Maßregel verhängt. Im Sprachgebrauch des Maßregelvollzugs hat sich dafür der – juristisch nicht ganz korrekte – Ausdruck »Parallelstrafe« eingebürgert.

Bei den Maßregeln der Besserung und Sicherung, die sich in den Paragraphen 61 bis 72 StGB finden, ist grundsätzlich zwischen freiheitsentziehenden und nicht freiheitsentziehenden zu unterscheiden. Zu den nicht freiheitsentziehenden Maßregeln gehört zum Beispiel die Entziehung der Fahrerlaubnis. Freiheitsentziehende Maßregeln sind die Unterbringung in einem psychiatrischen Krankenhaus (§ 63 StGB), die Unterbringung in einer Entziehungsanstalt (§ 64 StGB) und die Unterbringung in der Sicherungsverwahrung (§ 66 StGB). Wenn im Alltag von Maßregeln und Maßregelvollzug die Rede ist, sind damit immer die Unterbringung in einem psychiatrischen Krankenhaus und die Unterbringung in einer Entziehungsanstalt gemeint. Diese beiden Maßregeln können nach § 7 des Jugendgerichtsgesetzes bei Vorliegen der entsprechenden Voraussetzungen auch bei straffällig gewordenen Jugendlichen und Heranwachsenden angeordnet werden (§ 7 JGG).

Wenn dringende Gründe für die Annahme vorliegen, dass es in der Gerichtsverhandlung zur Anordnung einer Unterbringung in einem psychiatrischen Krankenhaus oder in einer Entziehungsanstalt kommen wird, kann nach § 126a der Strafprozessordnung (StPO) auch schon vorher durch einen Unterbringungsbefehl die einstweilige Unterbringung in der entsprechenden Einrichtung angeordnet werden, sofern die öffentliche Sicherheit das erfordert, also an Stelle von Untersuchungshaft. Als Ziel für die Unterbringung in einem psychiatrischen Krankenhaus legt § 136 des Strafvollzugsgesetzes (StVollzG) fest, dass der Untergebrachte geheilt oder sein Zustand so weit gebessert werden soll, dass er nicht mehr gefährlich ist. Für die Unterbringung in einer Entziehungsanstalt ist in § 137 StVollzG formuliert, dass der Untergebrachte von seinem Hang geheilt und die zu Grunde liegende Fehlhaltung behoben werden soll.

ZIEL → **Nach dem Aufenthalt in einer psychiatrischen Klinik oder einer Entziehungsanstalt soll von dem Behandelten keine Gefahr mehr für die Allgemeinheit aus.**

Da die mit den genannten Maßregeln verbundene Freiheitsentziehung einen schwerwiegenden Eingriff in die Grundrechte der Betroffenen darstellt, gilt ganz grundsätzlich, dass alle Entscheidungen bezüglich einer Maßregel wie Anordnung, Beendigung, Widerruf einer Aussetzung u. Ä. nur von einem Gericht gefällt werden können, nachdem der Betroffene mündlich oder schriftlich Gelegenheit hatte, sich dazu zu äußern. Bei Entscheidungen, die gerade im Maßregelvollzug untergebrachte Patienten betreffen, gibt auch die Maßregelvollzugseinrichtung eine Stellungnahme ab, muss aber dann die Entscheidung des Gerichts akzeptieren und umsetzen.

Damit die freiheitsentziehende Maßregel nicht länger **Dauer der Maßregel** als unbedingt nötig vollzogen wird, ist im Strafgesetzbuch in § 67e StGB festgelegt, dass das Gericht in bestimmten Zeiträumen immer wieder zu überprüfen hat, ob der Maßregelvollzug noch fortgesetzt werden muss. Bei nach § 64 StGB Untergebrachten finden diese Überprüfungen spätestens alle sechs Monate und bei nach § 63 StGB Untergebrachten spätestens alle zwölf Monate statt. Außerdem legt das Strafgesetzbuch in § 67d StGB die Höchstfrist für die Unterbringung in einer Entziehungsanstalt auf zwei Jahre fest.

Wenn allerdings neben einer Maßregel eine Freiheitsstrafe verhängt wurde und die Maßregel vor der Freiheitsstrafe vollzogen wird, wird der Maßregelvollzug zunächst auf die Freiheitsstrafe angerechnet, allerdings im Höchstfall bis zu zwei Dritteln dieser Freiheitsstrafe. Rechnerisch beginnt erst dann die eigentliche Maßregel. Bei der Unterbringung in einer Entziehungsanstalt verlängert sich so die Höchstfrist von zwei Jahren um die Zeitdauer, bis zwei Drittel der Parallelstrafe durch Anrechnung erledigt sind (§ 67d Abs. 1 StGB). Das ist dann die so genannte verlängerte Höchstfrist. Durch diese Regelung soll verhindert werden, dass der Untergebrachte – vor allem bei günstigem Behandlungsverlauf – nach Abschluss des Maßregelvollzugs noch einmal in Strafhaft muss. Bei langen Haftstrafen ergeben sich dadurch aber unsinnig lange Fristen, bevor der Untergebrachte eine Chance auf Entlassung in die Freiheit hat. Deshalb ist für die Unterbringung gemäß § 64 StGB seit Jahren eine Gesetzesänderung in der Diskussion, dass so viel von der Parallelstrafe vor Beginn des Maßregelvollzugs verbüßt werden soll, dass eine Entlassung des Untergebrachten in die Freiheit nach einer Unterbringungszeit von anderthalb bis zwei Jahren möglich ist. Die Anrechnung des Maßregelvollzugs auf eine im selben Urteil ausgesprochene Freiheitsstrafe gilt auch für die Unterbringung in einem psychiatrischen Krankenhaus. Für sie gibt es jedoch keine Höchstfrist; sie kann potenziell das ganze Leben andauern.

Vollstreckungsreihenfolge

Das Strafgesetzbuch legt fest, dass grundsätzlich die Unterbringung in einem psychiatrischen Krankenhaus oder in einer Entziehungsanstalt vor einer eventuell gleichzeitig ausgesprochenen Haftstrafe vollzogen wird. Bei Vorliegen entsprechender Gründe kann das Gericht aber auch festlegen, dass die Strafe ganz oder teilweise vor der Maßregel vollstreckt wird.

Wenn keine Parallelstrafe ausgesprochen oder deren Vollstreckung zur Bewährung ausgesetzt wird und die Prognose günstig ist, dann kann auch eine Maßregel sofort im Urteil zur Bewährung ausgesetzt werden (§ 67b StGB). In der Praxis machen die Gerichte aber selten Gebrauch von dieser

Möglichkeit. Am ehesten wird so verfahren, wenn eine Unterbringung in einer Entziehungsanstalt angeordnet wird, der Verurteilte aber bereits in der Zeit zwischen Straftat und Gerichtsverhandlung eine Behandlung absolviert oder sich zumindest um einen Therapieplatz gekümmert hat, der nach der Gerichtsverhandlung kurzfristig zur Verfügung steht.

Im Normalfall wird die Maßregel nach erfolgreichem Abschluss der Behandlung zur Bewährung ausgesetzt; gleichzeitig tritt Führungsaufsicht ein (§ 67d Abs. 2 StGB). Die Aussetzung zur Bewährung wird dann widerrufen, wenn der Betroffene erneut straffällig wird, sich nicht korrekt an die Weisungen im Rahmen der Führungsaufsicht hält oder auf Grund seines gesundheitlichen bzw. psychischen Zustandes zu der Sorge Anlass gibt, er könne erneut eine schwere Straftat begehen (§ 67g StGB). Liegen dringende Gründe für die Annahme vor, dass es zu einem Widerruf der Bewährungsaussetzung kommen wird, können nach § 453c StPO auch schon vorher vorläufige Maßnahmen bis hin zur Erlassung eines Haftbefehls getroffen werden, vor allem dann, wenn die Gefahr weiterer Straftaten besteht.

Es ist nicht ausgeschlossen, dass mehrere Maßregeln einschließlich der Sicherungsverwahrung nebeneinander angeordnet werden, de facto meist die Unterbringung in einer Entziehungsanstalt neben der Unterbringung in einem psychiatrischen Krankenhaus (§ 72 StGB). In diesem Fall muss das anordnende Gericht die Reihenfolge festlegen, in der die Maßregeln vollzogen werden sollen. Es kann auch dieselbe Maßregel in unterschiedlichen, nacheinander durchgeführten Strafverfahren mehrfach angeordnet werden. Nur bei mehrfacher Anordnung der Unterbringung nach § 64 StGB entfallen dadurch die früheren Anordnungen (§ 67f StGB). Im Falle eines Therapieerfolgs ist die gleichzeitige Aussetzung aller angeordneten Maßregeln zur Bewährung möglich.

Kann das Behandlungsziel dadurch besser erreicht werden, dann ist während der Behandlung ein Wechsel zwischen der Unterbringung in einem psychiatrischen Krankenhaus und der Unterbringung in einer

Entziehungsanstalt möglich (§ 67a StGB), meist nach einer nochmaligen Begutachtung – dies kommt gelegentlich vor. Auch der Wechsel von der Sicherungsverwahrung in die Unterbringung in einem psychiatrischen Krankenhaus oder in einer Entziehungsanstalt ist möglich, wenngleich extrem selten.

Länderrechtliche Grundlagen

Während die Anordnung einer Maßregel, ihre Überprüfung, Beendigung, Aussetzung zur Bewährung und deren Widerruf durch Bundesrecht geregelt sind, unterliegen die Ausgestaltung der Unterbringung und die Durchführung der Behandlung der Hoheit der Bundesländer und sind durch Ländergesetze geregelt. Ein Teil der Bundesländer hat spezielle Maßregelvollzugsgesetze erlassen, ein anderer Teil regelt den Maßregelvollzug durch Sonderabschnitte und Querverweise in den Unterbringungsgesetzen für psychisch Kranke. Alle diese gesetzlichen Regelungen orientieren sich am Strafvollzugsgesetz. Sie sind teilweise sehr ausführlich, teilweise eher knapp gehalten, lassen aber in jedem Fall wie alle gesetzlichen Regelungen einen mehr oder weniger großen Ermessens- und Entscheidungsspielraum. Alltagsfragen wie etwa jene, ob ein Untergebrachter mit eigenem Gerät und Kopfhörern nachts fernsehen darf, wenn er nicht schlafen kann, beantwortet keines der Gesetze. Daher wird in vielen Gesetzen ausdrücklich auf ergänzende *Hausordnungen* hingewiesen, die entweder vom Träger oder von den Maßregelvollzugseinrichtungen aufzustellen sind.

In praktisch allen Bundesländern ist vor- **Behandlung und Beschäftigung** gesehen, dass ein Untergebrachter nach der Aufnahme umgehend, das heißt innerhalb von 24 Stunden, untersucht und über die Unterbringung und Behandlung aufgeklärt wird. Er hat Anspruch auf eine angemessene Behandlung. Diese muss in aller Regel nach einem Behandlungsplan erfolgen, der spätestens nach sechs Wochen erstellt sein und je nach Bundesland spätestens alle drei oder sechs Monate überprüft und angepasst werden muss. Die Behandlung soll überall mit Zustimmung des Untergebrachten erfolgen, auf deren Erreichen hingearbeitet werden soll, jedoch sind in allen Bundesländern unter bestimmten Bedingungen Möglichkeiten für eine Behandlung ohne Einwilligung des Untergebrachten vorgesehen. Oft sind die Rahmenbedingungen für eine Zwangsernährung geregelt. Auch eine Untersuchung ohne Einverständnis des Untergebrachten aus Gründen der Hygiene und des Gesundheitsschutzes ist meist ausdrücklich gestattet.

Gefährliche Behandlungen, zum Beispiel eine Elektrokrampftherapie, sind grundsätzlich nur mit Zustimmung des Untergebrachten erlaubt. Falls der Untergebrachte nicht über ausreichende Einsicht in die Bedeutung der Behandlung verfügt, ist die Maßregelvollzugseinrichtung gehalten, die Bestellung eines gesetzlichen Vertreters in die Wege zu leiten. Behandlungen, die »die Persönlichkeit im Kernbereich verändern«, werden in vielen Gesetzen ausdrücklich für unzulässig erklärt.

In allen Bundesländern gehört zur angemessenen Behandlung, dass der Untergebrachte entsprechend seinem gesundheitlichen Zustand Gelegenheit zu sinnvoller therapeutischer Beschäftigung oder Arbeit erhält. In einigen Gesetzen ist die Möglichkeit einer Arbeit außerhalb der Maßregelvollzugseinrichtung ausdrücklich erwähnt. Überall soll dem Untergebrachten die Möglichkeit zu schulischer und beruflicher Fortbildung gegeben werden, wobei in einem Teil der Bundesländer ausdrücklich der Hauptschulabschluss als Ziel der schulischen Förderung festgeschrieben ist. In zahlreichen Gesetzen ist erwähnt, dass für geleistete Arbeit ein angemessenes Arbeitsentgelt gezahlt werden soll, von dem in etlichen Bundesländern ein Überbrückungsgeld angespart werden soll oder muss. In einigen Gesetzen ist angegeben, dass mittellose Untergebrachte ein Taschengeld nach dem Bundessozialhilfegesetz (BSHG) erhalten.

In einer Reihe von Gesetzen wird ausdrücklich als Unterbringungszweck genannt, dass der Untergebrachte durch angemessene Behandlungsmaßnahmen (wieder) in die Lage versetzt werden soll, ein in die Gesellschaft eingegliedertes Leben zu führen, und dass die Allgemeinheit vor der von ihm ausgehenden Gefährlichkeit geschützt werden soll. Dieser Unterbringungszweck soll bei geringstmöglichem Eingriff in die persönliche Freiheit erreicht werden. Die Lebensbedingungen im Maßregelvollzug sind den allgemeinen Lebensbedingungen so weit wie möglich anzugleichen. In fast allen Gesetzen ist die offene Unterbringung als Ziel oder als Möglichkeit formuliert. Der Untergebrachte hat Anspruch auf regelmäßigen Aufenthalt im Freien. Er darf persönliche Gegenstände besitzen, soweit diese nicht die Sicherheit und Ordnung der Maßregelvollzugseinrichtung gefährden, und trägt im Regelfall seine persönliche Kleidung. In einigen Bundesländern ist jedoch zum Beispiel bei Fluchtgefahr die Anordnung von Anstaltskleidung möglich (Hamburg, Hessen, Niedersachsen, Rheinland-Pfalz), in anderen aber ausdrücklich untersagt (Brandenburg, Nordrhein-Westfalen, Saarland). ⌐ **Behandlung, Seite 85**

In allen Bundesländern ist die Religionsausübung im Maßregelvollzug geregelt. Überall gibt es Besuchskommissionen, Patientenfürsprecher, Beiräte o. Ä. zur Unterstützung der Maßregelvollzugseinrichtungen und der dort untergebrachten Patienten. In manchen Gesetzen ist ausdrücklich vorgesehen, dass der Untergebrachte oder sein Anwalt das Recht hat, seine Krankenakte einzusehen, allerdings mit Ausnahme von Informationen, die von Dritten stammen, also beispielsweise von Angehörigen oder Opfern.

Jeder Untergebrachte hat das Recht, mindestens eine Stunde pro Woche Besuch zu empfangen, wenn die Sicherheit und Ordnung der Einrichtung, in manchen Bundesländern auch die Gesundheit des Untergebrachten oder die Behandlung nicht darunter leiden. Der Besuch kann davon abhängig gemacht werden, dass der Besucher sich durchsuchen lässt; er kann überwacht wie auch abgebrochen werden. Diese Einschränkungen gelten nicht für Rechtsanwälte, die den Untergebrachten vertreten. Ähnliches gilt in allen Bundesländern für den Schrift- und Paketverkehr und das Telefonieren; es gibt keine grundsätzliche Einschränkung, aber im Verdachtsfall die Möglichkeit zur Überwachung und in den meisten Bundesländern unter bestimmten Bedingungen das Recht, Post zurückzuhalten. Der schriftliche Verkehr mit Verteidigern, gesetzlichen Vertretern und Rechtsorganen ist davon ausgenommen.

In einigen Bundesländern kann bei im Maßregel- **Sicherungsmaßnahmen** vollzug Untergebrachten eine erkennungsdienstliche Behandlung stattfinden (Hamburg, Hessen, Mecklenburg-Vorpommern, Nordrhein-Westfalen, Sachsen-Anhalt). An besonderen Sicherungsmaßnahmen finden Erwähnung die Beschränkung des Aufenthalts im Freien, der Entzug oder das Vorenthalten von Gegenständen, die Trennung von anderen Patienten, die Absonderung in einem besonderen Raum, die körperliche Durchsuchung, die Beobachtung bei Nacht sowie die Fixierung (Fesselung mit Gurten ans Bett) oder die Fesselung (auch mit Hand- oder Fußfesseln, etwa bei Ausführungen). In jedem Bundesland sind mehrere dieser besonderen Sicherungsmaßnahmen zugelassen. Als Besonderheit ist in Brandenburg die medikamentöse Ruhigstellung bei der Gefahr einer Tötung oder Verletzung der eigenen oder einer anderen Person oder bei Fluchtgefahr erlaubt.

Alle besonderen Sicherungsmaßnahmen müssen ärztlich angeordnet, überwacht und dokumentiert werden. In einigen Bundesländern müssen Einschränkungen gegenüber dem Untergebrachten schriftlich begründet werden. In allen Bundesländern ist unmittelbarer Zwang gegenüber den Untergebrachten erlaubt, in einigen Bundesländern auch gegenüber Personen, die Untergebrachte zu befreien versuchen oder unerlaubt in die Maßregelvollzugseinrichtung eindringen. Unmittelbarer Zwang muss vorher angekündigt werden, soweit dies möglich ist.

In einigen Bundesländern sind regelmäßige externe Begutachtungen des Untergebrachten vorgesehen (in Brandenburg und Nordrhein-Westfalen nach spätestens drei Jahren, im Saarland nach jeweils drei Jahren auf Antrag des Untergebrachten, in Sachsen-Anhalt nach vier Jahren).

Einige, wenn auch nicht alle Gesetze enthalten ausführliche datenschutz-rechtliche Bestimmungen. In allen ist festgelegt, zu welchen Zwecken Kenntnisse über Patienten verwendet werden dürfen; meist sind die Bereiche Sicherheit und Ordnung in der Maßregelvollzugseinrichtung und Verhütung sowie teilweise Verfolgung von Straftaten aufgeführt. Manchmal sind auch die Institutionen aufgeführt, denen gegenüber diese Kenntnisse offenbart werden dürfen. ⌐ **Begutachtung, Seite 42**

Alle Ländergesetze enthalten Bestimmungen über die Gewährung von Lockerungen für die im Maßregelvollzug Untergebrachten. Dazu gehören auf alle Fälle *Ausgang* (ohne Begleitung stundenweise außerhalb der Einrichtung) und *Urlaub* (ohne Begleitung außerhalb der Einrichtung mit einer oder mehreren Übernachtungen), in manchen Bundesländern auch *Freigang* (unbeaufsichtigte Arbeitstätigkeit außerhalb der Einrichtung) und *offener Vollzug*. In vielen Gesetzen ist vor der Gewährung von Lockerungen eine Beteiligung der Vollstreckungsbehörde in Form von Anhörung, Einholen der Zustimmung oder Mitteilung vorgeschrieben.

In allen Ländergesetzen ist festgelegt, dass Lockerungen nur dann gewährt werden dürfen, wenn keine Gefahr besteht, dass der Untergebrachte sie zur Flucht nutzt oder sie missbraucht, etwa zur Begehung neuer Straftaten. Teilweise wird darauf hingewiesen, dass sie die Behandlung nicht beeinträchtigen dürfen. In einem Teil der Ländergesetze ist aber auch die Gewährung von Lockerungen als Behandlungsziel formuliert, auf das hingearbeitet werden soll. In allen Bundesländern kann die Gewährung von Lockerungen mit Weisungen verknüpft werden. Lockerungen können widerrufen werden, wenn sich der Untergebrachte nicht an diese Weisungen hält oder die Absolvierung der Lockerung aus einem anderen Grund misslingt. Die Entscheidung über die Gewährung einer Lockerung liegt beim Leiter der Maßregelvollzugseinrichtung. ⌐ **Lockerungen, Seite 98**

Der Maßregelvollzug im Rechtssystem der Bundesrepublik Deutschland

Zur Geschichte der Maßregeln und des Maßregelvollzugs

Seit 1871 in Deutschland das Reichsstrafgesetzbuch in Kraft trat, gab es die Möglichkeit, unzurechnungsfähige Täter freizusprechen. Aber erst durch die Verabschiedung des Gesetzes gegen gefährliche Gewohnheitsverbrecher am 1. Januar 1934 wurde die Unterbringung unzurechnungsfähiger oder vermindert zurechnungsfähiger Straftäter eingeführt, und zwar je nach Krankheitsbild in der Heil- und Pflegeanstalt oder der Trinkerheilanstalt. Diese Maßregeln sollten schon damals zumindest auf dem Papier der Sicherung und Besserung dienen, wobei die Sicherung an erster Stelle stand.

MERKE → Der Maßregelvollzug hatte immer die Doppelfunktion der Sicherung der Allgemeinheit *und* der individuellen Besserung.

In der Bundesrepublik Deutschland wurden nach dem Zweiten Weltkrieg beide Maßregeln, die Unterbringung in einem psychiatrischen Krankenhaus und die Unterbringung in einer Entziehungsanstalt, ins Strafgesetzbuch übernommen, zunächst als Paragraphen 42 und 43 StGB. Seit der Strafrechtsreform 1969 sind sie als Paragraphen 63 und 64 StGB zu finden, und die Behandlung steht jetzt an erster Stelle: Die Maßregeln nennen sich jetzt »Maßregeln der Besserung und Sicherung«. Bei dieser Strafrechtsreform wurde auch die Maßregel der Unterbringung in einer sozialtherapeutischen Anstalt (§ 65 StGB) eingeführt. Sie wurde aber aus finanziellen Gründen nie umgesetzt und ist inzwischen wieder weggefallen, obwohl sie gerade für Straftäter mit Persönlichkeitsstörungen sehr gute Behandlungsmöglichkeiten hätte bieten können.

In der DDR konnte in einem Strafprozess auf Grund der Paragraphen 15 und 16 des Strafgesetzbuches der DDR nur eine an die Haftstrafe anschließende zivilrechtliche Unterbringung in einem psychiatrischen Krankenhaus gemäß § 11 des Einweisungsgesetzes der DDR eingeleitet werden. Eine Behandlung für Straftäter, die ihre Straftaten infolge einer Alkoholabhängigkeit begangen hatten, war – jedenfalls als Rechtsfolge der Tat – nicht vorgesehen. Erst nach der deutsch-deutschen Vereinigung wurden mit der Übernahme des bundesdeutschen Strafrechts in der ehemaligen DDR die Maßregeln der Unterbringung in einem psychiatrischen Krankenhaus und in einer Entziehungsanstalt eingeführt.

Mit dem In-Kraft-Treten des Strafvollzugsgesetzes von 1976 wurde in § 138 StVollzG gesetzlich festgelegt, dass sich der Vollzug der Maßregeln nach Länderrecht richtet. De facto war dies auch schon vorher der Fall, da die Maßregelvollzugseinrichtungen, die sich vorrangig in Trägerschaft der Bundesländer befanden, den Vollzug der Maßregeln individuell oder nach von ihrem Träger erlassenen Regelungen gestalteten. Es gibt bis heute deutliche Unterschiede zwischen den einzelnen Bundesländern bezüglich der Modalitäten der Unterbringung und der Rechte und Pflichten der Untergebrachten. So ist zum Beispiel in einigen Bundesländern der Maßregelvollzug in einem oder wenigen Krankenhäusern konzentriert, während in anderen Bundesländern die im Maßregelvollzug Untergebrachten heimatnäher in kleineren Einheiten auf nahezu alle psychiatrischen Krankenhäuser verteilt sind. **⌐ Landesrechtliche Regelungen, Seite 13**

Einige Trends in der Entwicklung des Maßregelvollzugs in den letzten Jahrzehnten sind aber bundesweit zu beobachten.

Der eine Trend geht hin zu einer zunehmenden Spe- **Bundesweite Trends** zialisierung. Waren bis in die siebziger Jahre hinein die im Maßregelvollzug Untergebrachten meistens je nach Zustandsbild auf alle möglichen Stationen der psychiatrischen Krankenhäuser verteilt und oft nur »verwahrt«, wurden seit Ende der siebziger Jahre zunehmend spezielle Stationen für den Maßregelvollzug eingerichtet und spezifische Behandlungskonzepte entwickelt. Dies war insbesondere eine Reaktion auf die »Psychiatrie-Enquete« von 1975, die gravierende Mängel gerade bei der

Unterbringung und Behandlung strafrechtlich eingewiesener Patienten nachgewiesen hatte. Als jüngste Aufgaben gerieten kurz vor der Jahrtausendwende der Aufbau eines Behandlungsangebots für Jugendliche und Heranwachsende im Maßregelvollzug sowie eine humane Dauerunterbringung nicht behandel- und entlassbarer Personen in den Blickpunkt.

Der zweite Trend ist, dass die Zahlen der im Maßregelvollzug Untergebrachten seit Jahren relativ kontinuierlich steigen. Bei den Unterbringungen in einer Entziehungsanstalt ist dies seit Ende der siebziger Jahre zu beobachten und zum großen Teil durch die zunehmenden Unterbringungen von Drogenabhängigen zu erklären. Dies stellte die Maßregelvollzugseinrichtungen vor die Aufgabe, für diesen Patientenkreis angemessene Behandlungsangebote zur Verfügung zu stellen. Heute werden im Maßregelvollzug Drogenabhängige meistens in gesonderten Gruppen getrennt von Alkohol- und Medikamentenabhängigen behandelt. Zwar erlaubt das 1994 in Kraft getretene Betäubungsmittelgesetz mit seinen Paragraphen 35 und 36 im Falle eines ursächlichen Zusammenhangs zwischen Straftat und Betäubungsmittelabhängigkeit eine Zurückstellung der Strafvollstreckung und die spätere Anrechnung der Therapiezeit auf die Strafe, wenn sich ein Drogenabhängiger freiwillig einer Behandlung unterzieht. Dem Maßregelvollzug brachte diese Regelung aber kaum Entlastung, weil sie nur bei Freiheitsstrafen unter zwei Jahren gilt und weil es bei den Betroffenen häufig an der notwendigen stabilen Therapiemotivation mangelt.

Die Unterbringungen in einem psychiatrischen Krankenhaus nahmen zahlenmäßig bis Anfang der achtziger Jahre deutlich ab; seither steigen sie wieder, seit Ende der neunziger Jahre rapide. Die Gründe hierfür liegen vorwiegend in einer auf gesellschaftliche Strömungen reagierenden Anordnungspraxis. Die Unterbringungen in der Sicherungsverwahrung sind zahlenmäßig auf sehr niedrigem Niveau stabil. Nach § 63 StGB sind derzeit bundesweit etwa 4000 Personen untergebracht, nach § 64 StGB rund 1800. Ihnen stehen knapp 80.000 Strafgefangene gegenüber.

Ein dritter, seit Mitte der neunziger Jahre bundesweit zu beobachtender Trend, der eng mit einigen schweren Straftaten durch im Maßregelvollzug untergebrachte Patienten zusammenhängt, ist die zunehmend stärkere Gewichtung der Sicherung der Allgemeinheit vor den untergebrachten Straftätern. In diesem Zusammenhang kam es zu teilweise massiver und nicht immer sachgerechter politischer Einflussnahme auf den Maßregelvollzug. Die Folgen waren verstärkte bauliche und technische Sicherungs- und Überwachungsmaßnahmen und ein erheblich vorsichtigerer bzw. restriktiverer Umgang mit Lockerungen.

Eine Reaktion der Bundesgesetzgebung auf diese Betonung eines besseren Schutzes der Bevölkerung war die Einführung des Gesetzes zur Bekämpfung von Sexualdelikten und anderen gefährlichen Straftaten im Jahre 1998. Es sieht zwingend eine Begutachtung hinsichtlich der zukünftigen Gefährlichkeit vor, wenn ein Straftäter auf Bewährung aus dem Maßregelvollzug entlassen werden soll. ↱**Begutachtung, Seite 42**

Organisation und Aufgaben von Staatsanwaltschaften

Die erste Justizbehörde, mit der man es im Maßregelvollzug zu tun hat, ist die Staatsanwaltschaft. Wie der Name schon sagt, vertritt sie den Staat, also indirekt die Bürgerinnen und Bürger in ihrem Bedürfnis nach Gerechtigkeit und dem Wunsch, dass Straftäter die Konsequenzen ihrer Taten zu tragen haben. Diesem Auftrag kommt die Staatsanwaltschaft nach, indem sie, wenn der Verdacht einer Straftat besteht, die Ermittlungen leitet. Nach deren Abschluss kann sie bei ungenügendem Tatverdacht oder geringer Schuld das Verfahren einstellen oder bei hinreichendem Tatverdacht Anklage gegen den oder die mutmaßlichen Täter erheben. Kommt es zur Hauptverhandlung, vertritt die Staatsanwaltschaft dort die Anklage und fordert die ihr angemessen erscheinenden Sanktionen. Nach Abschluss des Gerichtsverfahrens, wenn das Urteil rechtskräftig ist, ist es die Aufgabe der Staatsanwaltschaft, für die Vollstreckung des

Urteils zu sorgen. Eine Ausnahme von dieser Regel liegt vor, wenn Jugendrecht zur Anwendung kommt, dann fungiert der Jugendrichter als Vollstreckungsleiter.

Die unterschiedlichen Aufgaben sind innerhalb **Vollstreckungsabteilung** der Staatsanwaltschaft verschiedenen Abteilungen zugeordnet. Für den Maßregelvollzug ist die Vollstreckungsabteilung mit Abstand die wichtigste; sie muss nicht nur dafür sorgen, dass Straftäter die verhängte Haftstrafe verbüßen, sondern auch dafür, dass angeordnete Maßregeln vollzogen werden – allerdings nur so lange wie nötig oder zulässig. Deshalb ist es auch Aufgabe der Vollstreckungsabteilung, darüber zu wachen, dass die Überprüfungen gemäß § 67e StGB regelmäßig stattfinden und gegebenenfalls Höchstfristen für den Maßregelvollzug nicht überschritten werden. In der Praxis ist es sinnvoll, dass die Maßregelvollzugseinrichtung parallel dazu wenigstens eine orientierende Überwachung der laufenden Fristen vornimmt. Dann kann sie die vollstreckende Staatsanwaltschaft ansprechen, wenn der Eindruck entsteht, dass dort nicht angemessen auf den bevorstehenden Ablauf von Fristen reagiert wird.

MERKE → Die Maßregelvollzugseinrichtung sollte laufende Fristen mit überwachen.

Wie beim Strafverfahren selbst kann die Staatsanwaltschaft auch während des Vollstreckungsverfahrens Anträge stellen, zum Beispiel auf Beendigung einer Maßregel. Dies tut sie in der Regel aber nur auf Anregung der Maßregelvollzugseinrichtung. Außerdem kann die Staatsanwaltschaft entsprechend der Gesetzgebung in den einzelnen Bundesländern Einfluss auf die Gewährung von Lockerungen und damit mittelbar auch auf den Ablauf des Therapieprozesses nehmen.

Die Staatsanwaltschaft ist mit ihren Hauptsitzen bei den Landgerichten angesiedelt. Dort befinden sich auch die für den Maßregelvollzug wichtigen Vollstreckungsabteilungen. Die Staatsanwaltschaft ist hierarchisch organisiert und untersteht dem jeweiligen Landesjustizminister; die Mitarbeiter sind letztlich weisungsgebunden. Jede Staatsanwaltschaft bei einem Landgericht wird von einem Leitenden Oberstaatsanwalt geführt, die Staatsanwaltschaft bei einem Oberlandesgericht von einem General-staatsanwalt.

Aufbau und Aufgaben von Gerichten

Die zweite Institution der Justiz, die für den Maßregelvollzug eine Rolle spielt, aber völlig andere Aufgaben hat als die Staatsanwaltschaft, sind die Gerichte. Die Zuständigkeit und Tätigkeit der Gerichte wie übrigens auch der Staatsanwaltschaften im Strafverfahren einschließlich des Voll-streckungsverfahrens werden im Einzelnen durch das Gerichtsverfas-sungsgesetz (GVG) und die Strafprozessordnung geregelt.

Die grundsätzliche Aufgabe der Gerichte ist die Wahrheitsfindung und anschließend das Fällen einer möglichst gerechten Entscheidung. Dabei stehen sich im Hauptverfahren als Beteiligte immer die Staatsanwalt-schaft und der Angeklagte, meist mit einem Rechtsanwalt als Verteidiger, gegenüber. Gelegentlich tritt neben der Staatsanwaltschaft das Opfer – meist vertreten durch einen Rechtsanwalt – als Nebenkläger auf.

Das Gericht, also der oder die Richter einschließlich eventuell beteiligter Schöffen, hat sich unabhängig von den meist differierenden Standpunk-ten der Staatsanwaltschaft und des Angeklagten bzw. seiner Verteidigung ein Bild von dem zu klärenden Sachverhalt zu machen, diesen rechtlich zu bewerten und eine gerechte Entscheidung zu treffen. Diese wird im Hauptverfahren im *Urteil* formuliert.

Auch im Vollstreckungsverfahren gibt es Entscheidungen, die durch ein Gericht zu treffen sind, etwa die Aussetzung einer Restfreiheitsstrafe oder die Aussetzung der weiteren Vollstreckung einer Maßregel zur Be-währung. Dabei ist die Beteiligung der Staatsanwaltschaft und des Straf-täters am Verfahren grundsätzlich die gleiche wie im Hauptverfahren. Die Entscheidungen im Vollstreckungsverfahren werden als *Beschlüsse* formuliert.

Für die Erfüllung ihrer Aufgabe ist es wichtig, dass die Richter unabhängig und nur den Gesetzen verpflichtet sind. Sie sind in der Ausübung ihrer Tätigkeit, die Wahrheit zu finden und Recht zu sprechen, niemandem gegenüber weisungsgebunden.

In der Bundesrepublik Deutschland finden sich *Amtsgerichte* in der Regel in den Kreisstädten. Ein Amtsgericht darf nach § 24 GVG für eine einzelne Straftat nicht mehr als vier Jahre Freiheitsstrafe verhängen und keine Unterbringung in einem psychiatrischen Krankenhaus oder in der Sicherungsverwahrung anordnen, wohl aber in einer Entziehungsanstalt. Bei Anwendung von Jugendrecht darf das Amtsgericht auf Jugendstrafe bis zu zehn Jahren erkennen und auch die Unterbringung in einem psychiatrischen Krankenhaus anordnen. Jugendrecht wird angewandt bei Jugendlichen, die zum Zeitpunkt ihrer Straftat 14, aber noch nicht 18 Jahre alt waren, und – je nach psychischem Entwicklungsstand – bei Heranwachsenden, die zum Zeitpunkt ihrer Straftat 18, aber noch nicht 21 Jahre alt waren, außerdem bei der Aburteilung so genannter jugendtypischer Verfehlungen.

Je nach Größe gibt es in jedem Bundesland mehrere *Landgerichte*, die für Straftaten zuständig sind, zu deren Ahndung die Strafgewalt des Amtsgerichts nicht ausreicht, außerdem etwa für Kapitalverbrechen wie Mord oder Totschlag. Sie können auch die Unterbringung in einem psychiatrischen Krankenhaus oder in der Sicherungsverwahrung anordnen.

Nach § 246a StPO muss in der Hauptverhandlung ein Sachverständiger ein Gutachten über den psychischen Zustand des Angeklagten, seine voraussichtliche zukünftige Gefährlichkeit sowie die Aussichten einer Behandlung erstatten, wenn mit seiner Unterbringung in einem psychiatrischen Krankenhaus, in einer Entziehungsanstalt oder in der Sicherungsverwahrung zu rechnen ist. Gegen diese Vorschrift wird im Falle der Unterbringung in einer Entziehungsanstalt manchmal verstoßen, vor allem wenn sie durch ein Amtsgericht angeordnet wird. Steht bereits nach der Begutachtung fest, dass der Täter schuldunfähig ist, kann nach den Paragraphen 413 und 414 StPO an Stelle eines Strafverfahrens ein *Sicherungsverfahren* durchgeführt werden, an dessen Ende allerdings die alleinige Anordnung einer Maßregel stehen muss, es sei denn, dass das Gericht den Sicherungsantrag der Staatsanwaltschaft ablehnt. In der Praxis sind Sicherungsverfahren nicht allzu häufig, weil eine so eindeutige Schuldunfähigkeit eher selten vorliegt.

Landgerichte sind zudem in Strafsachen jeweils Beschwerdegerichte für die in ihrem Bezirk gelegenen Amtsgerichte.

Nach § 78a GVG bilden die Landgerichte Straf- **Strafvollstreckungskammer** vollstreckungskammern, wenn in ihrem Bezirk Justizvollzugsanstalten oder Maßregelvollzugseinrichtungen liegen, für die sie dann natürlich auch örtlich zuständig sind. Diese Strafvollstreckungskammern sind im Maßregelvollzug für die Durchführung der regelmäßigen Überprüfungen nach § 67e StGB zuständig. Sie beschließen gegebenenfalls eine bedingte Entlassung, d. h. die Aussetzung der weiteren Unterbringung und der Restfreiheitsstrafe zur Bewährung. Dabei ist die Strafvollstreckungskammer bei Entscheidungen über die Aussetzung einer Unterbringung in einem psychiatrischen Krankenhaus oder einer lebenslangen Freiheitsstrafe mit drei Richtern besetzt (so genannte »Große Strafvollstreckungskammer«), in allen übrigen Fällen mit einem Einzelrichter (so genannte »Kleine Strafvollstreckungskammer«).

Die Strafvollstreckungskammern überwachen anhand der Berichte der Bewährungshelfer auch das Verhalten der bedingt Entlassenen während der Bewährungszeit und widerrufen bei ungünstigem Verlauf die Aussetzung zur Bewährung. ⌐ **Bewährung, Seite 138**

In den meisten Bundesländern sind auch die Führungsaufsichtsstellen bei den Landgerichten eingerichtet. Die Führungsaufsichtsstellen überwachen den Verlauf der Führungsaufsicht, die gemäß § 67d Abs. 2 StGB immer dann eintritt, wenn eine Maßregel nicht bis zum Ablauf einer eventuellen Höchstfrist vollzogen wird. Sie beantragen etwa den Widerruf der bedingten Entlassung, wenn eine negative Entwicklung zu erkennen ist, oder nach § 145a StGB auch eine Bestrafung, wenn die mit der Führungsaufsicht verbundenen Weisungen nicht eingehalten werden. Dabei stützen sie sich auf die regelmäßigen oder gegebenenfalls auch gesonderten Berichte der Bewährungshelfer, die die unter Führungsaufsicht Stehenden vor Ort beobachten.

Ferner gibt es in jedem Bundesland ein oder mehrere *Oberlandesgerichte*, die in erster Instanz vor allem Staatsschutzdelikte aburteilen. Ihre Hauptaufgabe ist aber die Entscheidung über Revisionen gegen Berufungsurteile der Landgerichte. Für den Maßregelvollzug sind sie wichtig, weil sie auch über sofortige Beschwerden gegen Beschlüsse der Strafvollstreckungskammern entscheiden.

Wenn einer der beiden Verfahrensbeteiligten, der Angeklagte **Rechtsmittel** oder die Staatsanwaltschaft, die Entscheidung eines Gerichts nicht akzeptiert, dann kann er gegen ein Urteil eines Amtsgerichts Berufung oder Revision, gegen ein Urteil eines Land- oder Oberlandesgerichts nur Revision und gegen einen Beschluss einer Strafvollstreckungskammer sofortige Beschwerde einlegen. Dabei wird vor dem Berufungsgericht die Straftat völlig neu aufgerollt und beurteilt, während das Revisionsgericht nur überprüft, ob das Urteil der Vorinstanz ohne Rechtsfehler zustande gekommen ist und dem Verschulden des Angeklagten entspricht. Revision oder Berufung muss spätestens eine Woche nach Verkündung des Urteils, sofortige Beschwerde spätestens eine Woche nach Bekanntmachung des Beschlusses eingelegt werden.

Zusammen mit jedem Urteil und jedem Beschluss erfolgt eine Belehrung, in der auch angegeben wird, innerhalb welcher Frist das Rechtsmittel wohin zu richten ist. Wird das Rechtsmittel überhaupt nicht oder zu spät eingelegt, wird das Urteil oder der Beschluss rechtskräftig und muss vollstreckt werden, selbst, wenn darin Rechtsfehler enthalten sind. In § 359 StPO sind die Gründe festgelegt, die die Wiederaufnahme eines abgeschlossenen Strafverfahrens zugunsten des Verurteilten zulassen; in der Praxis kommt dies jedoch sehr selten vor.

Der Klarheit halber sei erwähnt, dass die Maßregelvollzugseinrichtungen (und natürlich auch die Justizvollzugsanstalten) keine Verfahrensbeteiligten sind und also keine Anträge stellen, sondern allenfalls gegenüber den vollstreckenden Staatsanwaltschaften oder auch den Untergebrachten Anregungen aussprechen können. Diese können sie dann als Anträge formulieren. Eine Maßregelvollzugseinrichtung hat auch auf der juristischen Ebene keinerlei Widerspruchsrecht gegen die Entscheidungen von Gerichten, auch wenn ihr diese noch so unpraktikabel oder sogar therapiewidrig erscheinen. So kommt es immer wieder einmal vor, dass die Strafvollstreckungskammer den Weitervollzug der Maßregel anordnet, obwohl die Maßregelvollzugseinrichtung keinerlei Einflussmöglichkeiten auf den Untergebrachten sieht.

MERKE → Maßregelvollzugseinrichtungen sind keine »Verfahrensbeteiligten«. Es ist aber sinnvoll und manchmal (bei Stellungnahmen) auch Pflicht, wenn sie fachliche Anregungen geben.

Die Maßregelvollzugseinrichtungen

Maßregelvollzugseinrichtungen können räumlich und organisatorisch selbstständig sein, teils als baulich separate Einrichtung, teils als Abteilung oder Teilklinik eines großen psychiatrischen Krankenhauses; sie werden dann fachlich von einem Chefarzt geleitet. Es gibt aber auch Maßregelvollzugseinrichtungen als Fachbereiche innerhalb psychiatrischer Krankenhäuser, die dem Chefarzt des Gesamtkrankenhauses unterstehen und von einem Oberarzt oder – in Einzelfällen und wenn nur Unterbringungen gemäß § 64 StGB durchgeführt werden – einem psychologischen Bereichsleiter geleitet werden. Die Unterstellung des Pflegedienstes unter eine leitende Pflegekraft ist jeweils entsprechend.

Meistens befinden sich Maßregelvollzugseinrichtungen in der Trägerschaft eines Bundeslandes, teilweise delegiert an Landeswohlfahrtsverbände, Landschaftsverbände, Landesämter o. Ä. Allerdings haben sich in den letzten Jahren im Zuge der Veränderung vieler Krankenhausträger-schaften auch für einige Maßregelvollzugseinrichtungen andere Regelungen ergeben. Diese sind durch Verträge zwischen dem neuen privaten oder auch kommunalen Träger und dem Bundesland abgesichert, das in jedem Fall für den Maßregelvollzug als hoheitsrechtliche Aufgabe eine besondere Verantwortung behält. Nennenswerte negative Auswirkungen von Veränderungen der Trägerschaft sind bisher nicht bekannt geworden. Wahrscheinlich wird dieser Veränderungsprozess sich in den nächsten Jahren noch fortsetzen.

In allen Maßregelvollzugseinrichtungen wird die the- **Personalbemessung** rapeutische Arbeit von multiprofessionellen Teams geleistet, bestehend aus Ärzten und Psychologen, Sozialarbeitern, Krankenpflegern, eventuell mit psychiatrischer oder forensischer Zusatzqualifikation, Pflegehelfern, Mitarbeitern ohne spezifische Ausbildung, Erziehern, Arbeits- und Beschäftigungstherapeuten und gegebenenfalls Lehrern, Sport-, Musik- und Kunsttherapeuten. Die Sicherungsaufgaben werden in den meisten Maßregelvollzugseinrichtungen von den Mitarbeitern hauptsächlich des Pflegedienstes erledigt, in manchen auch durch separate Sicherheitsdienste. Für die Personalbemessung werden häufig die relativ bedarfsgerechten Zahlen zu Grunde gelegt, die sich aus der »Personalverordnung Psychiatrie« für den Maßregelvollzug (PsychPV Forensik) ergeben, die in Baden-Württemberg entwickelt worden ist.

Zur Errechnung dieser Anhaltszahlen werden an bestimmten Stichtagen alle im Maßregelvollzug Untergebrachten in eine von sechs Kategorien (Regelbehandlung / Eingangsphase, Intensivbehandlung, Rehabilitation, Schwerkranke, Entziehungsbehandlung oder Entlassungsphase) eingestuft, die inhaltlich genau definiert sind und für die festgelegt ist, wie viele Minuten Arbeitseinsatz der verschiedenen Berufsgruppen pro Woche erforderlich sind. Daraus lässt sich dann der Personalbedarf errechnen. Allerdings werden diese Anhaltszahlen nicht in allen Bundesländern anerkannt und in einigen zwar anerkannt, aber nicht umgesetzt.

Den Kontakt zu den Institutionen der Justiz pflegen vor allem Ärzte und Psychologen als Bezugstherapeuten der Patienten. Jedoch gibt es auch Sozialarbeiter oder Krankenschwestern und -pfleger oder auch Mitglieder anderer Berufsgruppen, die sich in diese Aufgabe eingearbeitet haben. Da der Maßregelvollzug gemeinhin als schwieriger, mit sehr viel Verantwortung verbundener, gelegentlich sogar gefährlicher und oft undankbarer Arbeitsbereich gilt, sind Mitarbeiter dafür oft nur schwer zu finden. Dies bedeutet umgekehrt, dass Menschen, die sich den Maßregelvollzug zur Aufgabe machen und sich dafür engagieren, in Aufgabenbereiche und Verantwortung hineinwachsen können, die von ihrer Ausbildung her nicht unbedingt vorgesehen waren. Wichtig für die Mitarbeiter im Maßregelvollzug ist die Teilnahme an Fortbildungen. Es gibt ein ausreichendes Angebot an entsprechenden Veranstaltungen und die Träger fördern die Teilnahme in aller Regel. Allerdings richtet sich das Angebot eher an die höher qualifizierten Mitarbeiter und die Nutzung ist natürlich stark vom Engagement des einzelnen Mitarbeiters abhängig.

Gewisse Schwierigkeiten in der Kooperation mit der Justiz **Datenschutz** und anderen Institutionen ergeben sich aus dem in letzter Zeit zu beobachtenden Trend, auch bei den im Maßregelvollzug Untergebrachten wesentlich strenger als früher auf die Einhaltung von Datenschutz und Schweigepflicht zu achten. Dies bedeutet, dass etwa Arbeitsämtern, Gerichtskassen oder auch der Polizei Informationen über Personalien, Unterbringungsdaten oder Entlassungsanschriften meist nur dann gegeben werden dürfen, wenn der Patient dem zustimmt. Unter Umständen können auch Staatsanwaltschaft und Gerichten ohne Entbindung von der Schweigepflicht durch den Patienten nur »harte Daten« wie Unterbringungs- oder Entweichungszeiten oder besondere Vorkommnisse mitgeteilt werden, nicht jedoch zur Beurteilung benötigte Informationen zum Behandlungsverlauf u. Ä. Wie die Entwicklung bezüglich dieser Problematik weitergehen wird, ist derzeit noch nicht abzusehen; denkbar wären gesetzliche Regelungen zur Lösung dieses Dilemmas.

Forschung spielt derzeit in den Maßregelvollzugseinrichtungen **Forschung**
eine eher geringe Rolle, da die tägliche Arbeit wenig Zeit dafür lässt. Dabei wäre die wissenschaftliche Überprüfung in der Praxis gewonnener Eindrücke sehr wichtig. Derzeit wächst der Druck auf die Maßregelvollzugseinrichtungen, unter dem Stichwort »Qualitätssicherung« zu untersuchen und Rechenschaft darüber abzulegen, mit welchen therapeutischen Maßnahmen welche Behandlungserfolge zu erzielen sind. Ein Hintergedanke bei dieser Forderung ist sicherlich, Behandlungsformen, deren Wirksamkeit weniger gut nachgewiesen ist oder werden kann, aus dem Therapieangebot zu streichen, um auf diese Weise Einsparungen bei der sehr teuren Unterbringung im Maßregelvollzug zu erreichen. Die Tagessätze betragen derzeit je nach Einrichtung mehrere Hundert Euro, hinzu kommen noch die Investitionskosten etwa für weitere Plätze im Maßregelvollzug und verstärkte bauliche Sicherungen. Die gesamten Kosten werden letztlich aus den Etats der Bundesländer bezahlt.

Unproblematisch wäre die Vereinheitlichung und »Straffung« der Therapieangebote allerdings nicht, da ein Verlust an Vielfalt grundsätzlich die Behandlungsmöglichkeiten einschränken würde und für einen einzelnen Patienten gerade eine gemeinhin weniger wirksame Therapie dennoch von entscheidender Bedeutung sein kann.

Erwähnt seien zum Thema Forschung zwei Projekte, bei denen bundesweit – getrennt für gemäß § 63 StGB und § 64 StGB Untergebrachte – einmal jährlich an einem bestimmten Stichtag für jeden im Maßregelvollzug untergebrachten Patienten ein umfangreicher Fragebogen auszufüllen ist. Dadurch kann die Entwicklung einiger formaler Aspekte wie Diagnosen, Parallelstrafen, Behandlungsdauer, Lockerungen und Missbrauch von Lockerungen über die Jahre hinweg recht gut verfolgt werden. Hinter dieser so genannten Stichtagserhebung steht der Arbeitskreis Forensik in der Bundesdirektorenkonferenz, in dem sich die Leiter aller Maßregelvollzugseinrichtungen zusammengeschlossen haben und der sich zweimal jährlich zu einem Erfahrungsaustausch trifft.

Kooperation zwischen Justizorganen und Maßregelvollzug

Die Institution der Justiz, mit der die Maßregelvollzugseinrichtung die meisten Berührungspunkte hat, ist die vollstreckende Staatsanwaltschaft, genauer deren Vollstreckungsabteilung. Ihr sind Aufnahme und Entlassung eines Patienten mitzuteilen, ebenso Entweichungen oder sonstige besondere Vorkommnisse. Von dort werden die Stellungnahmen zur Überprüfung gemäß § 67e StGB angefordert. Je nach Länderrecht ist die vollstreckende Staatsanwaltschaft vor der Gewährung bestimmter Lockerungen zu hören oder um ihre Zustimmung zu fragen und über die Gewährung der Lockerung zu informieren.

An der Spitze jeder Vollstreckungsabteilung steht ein Staatsanwalt, bei dem es sich bei größeren Staatsanwaltschaften regelmäßig um einen Oberstaatsanwalt oder einen so genannten Gruppenleiter handelt. Ihm sind ein oder mehrere weitere Staatsanwälte zugeordnet. Sie sind Gesprächspartner vor allem, wenn es um schwierige oder ungewöhnliche Probleme im Rahmen der Vollstreckung geht.

Im Normalfall sind die wichtigsten Ansprechpartner für die **Rechtspfleger** Maßregelvollzugseinrichtung die Rechtspfleger. Sie überwachen die im Maßregelvollzug wichtigen Fristen und die Führung der Vollstreckungsakten, konferieren mit der Einrichtung und bereiten die anstehenden Entscheidungen vor. Da in jeder Vollstreckungsabteilung etliche Rechtspfleger tätig sind, gilt es im Einzelfall, den zuständigen herauszufinden, der den Zugriff auf die Akten des betroffenen Untergebrachten hat.

Aus Sicht der Maßregelvollzugseinrichtung ist es mit Abstand am angenehmsten, wenn in der Vollstreckungsabteilung einer Staatsanwaltschaft ein einzelner Rechtspfleger bestimmt ist, der alle Maßregelvollzugsfälle bearbeitet, die ja zahlenmäßig gegenüber den Strafvollzugssachen eine sehr geringe Rolle spielen. Leider ist die Zuständigkeit nur bei einem kleinen Teil der Staatsanwaltschaften so organisiert. Dagegen wird das Argument angeführt, dass dann die anderen Rechtspfleger überhaupt nicht mehr Bescheid in Maßregelvollzugssachen wüssten und die Urlaubs- und Krankheitsvertretung schwierig werde. Dies ist sicher nicht ganz von der Hand zu weisen. Im Übrigen findet man zum zuständigen Rechtspfleger über die Telefonzentrale der Staatsanwaltschaft unter Angabe des Aktenzeichens oder des Anfangsbuchstabens des Nachnamens des Untergebrachten, um den es sich handelt.

Aktenzeichen bestehen in der Regel aus einem Kernstück, **Aktenzeichen** das durch alle Instanzen des Ermittlungs-, Straf- und Vollstreckungsverfahrens gleich bleibt, etwa: 12345/98 oder 987/00. Dabei stellen die Ziffern vor dem Schrägstrich eine Durchnummerierung dar, jene hinter dem Schrägstrich geben das Jahr an, in dem das (Ermittlungs-)Verfahren aufgenommen wurde. Vor dieses Kernstück kommen je nach bearbeitender Stelle Vorsätze, etwa: 234 Js oder 76 Ds. Im Vollstreckungsverfahren bei den Staatsanwaltschaften kommen meist die Buchstaben VRs hinzu, was »Vollstreckungsregistersache« bedeutet. Oft wird auch noch die Nummer des jeweiligen Vollstreckungsregisters angegeben. Beispiele für Vollstreckungsaktenzeichen wären also: 1 VRs 12345/98 oder auch VRs 987/00.

Es ist unbedingt darauf zu achten, im telefonischen oder schriftlichen Kontakt mit der vollstreckenden Staatsanwaltschaft dieses Vollstreckungsaktenzeichen anzugeben. Jedem Rechtspfleger sind ein oder mehrere Vollstreckungsregister zugeordnet. Über das korrekte Aktenzeichen gelangen Anruf oder Schreiben ohne Verzögerung an den zuständigen Sachbearbeiter.

MERKE → Beim Schriftverkehr immer das vollständige Aktenzeichen angeben.

In der Praxis ist es unbedingt empfehlenswert, die Aktenzeichen der einzelnen Patienten und die Namen der zuständigen Rechtspfleger festzuhalten und darüber hinaus ein Telefonverzeichnis anzulegen, in dem man die Telefon- und Faxnummern der Telefonzentralen der Staatsanwalt-schaften, aber auch die Durchwahlnummern einzelner Rechtspfleger sammelt. Im Laufe der Zeit wird man feststellen, dass sich zu bestimm-ten Rechtspflegern häufiger Kontakte ergeben, und dieses Kennenlernen – meist per Telefon – macht mit der Zeit die Kooperation einfacher und angenehmer. Wenn sich eine Gelegenheit für ein persönliches Kennen-lernen bietet, sollte man sie nutzen, etwa wenn man in derselben Stadt einen Gerichtstermin wahrzunehmen hat.

ZIEL → **Durch die Pflege von Kontakten zu den Einrichtungen der Justiz wird die Arbeit für *alle* Beteiligten erleichtert.**

Eine andere gute Möglichkeit, persönliche **Informationsveranstaltungen** Kontakte zu knüpfen oder zu vertiefen, sind Informationsveranstaltun-gen, die die Maßregelvollzugseinrichtung für bestimmte Personenkreise aus der Justiz veranstaltet. Eine solche »Öffentlichkeitsarbeit« im Sinne von Vorstellen der eigenen Einrichtung, der Mitarbeiter und der geleiste-ten Arbeit lohnt sich immer. Die Mitarbeiter der Justiz haben oft keine genaue Vorstellung davon, was Maßregelvollzug in der Praxis bedeutet, und viele vom psychiatrischen Krankenhaus oder von der Entziehungs-anstalt als unglücklich erlebte Entscheidungen sind auf diese Unwissen-heit zurückzuführen. Allerdings hält der Effekt solcher Veranstaltungen erfahrungsgemäß immer nur eine gewisse Zeit an, da offenbar die Erin-nerung allmählich wieder verblasst und natürlich auch eine gewisse Per-sonalfluktuation stattfindet. Dagegen hilft nur, solche Informationsver-anstaltungen von Zeit zu Zeit zu wiederholen. Manchmal werden solche Veranstaltungen von den zuständigen Ministerien unterstützt oder an-geboten, um den Kontakt zwischen Justiz und Psychiatrie zu fördern. Sehr anzuraten ist es, die Polizeidienststellen, mit denen man öfter zu tun hat, in diese Öffentlichkeitsarbeit einzubeziehen. Die dortigen Mit-arbeiter sind meist sehr interessiert, den Maßregelvollzug auch einmal außerhalb von Krisensituationen kennen zu lernen, und die Pflege guter Beziehungen ist wichtig für den Fall, dass man ihre Hilfe braucht.

Eine gravierende Abweichung von **Jugendrichter als Vollstreckungsleiter** allem, was bisher über die Vollstreckung einer Maßregel durch die Staatsanwaltschaft gesagt wurde, gilt für die gemäß § 63 oder § 64 StGB Untergebrachten, bei deren Strafprozess Jugendrecht angewendet wurde. Bei ihnen übernimmt nicht die Staatsanwaltschaft die Vollstreckung, sondern ein Jugendrichter des Amtsgerichts, und zwar auch dann, wenn das Urteil von einer Jugendkammer des Landgerichts gesprochen wurde. Dieser Vollstreckungsleiter:

- ❏ meldet den Verurteilten zum Maßregelvollzug an,
- ❏ überwacht die Fristen für die Überprüfungen gemäß § 67e StGB, die auch hier gelten,
- ❏ fordert die Stellungnahmen an,
- ❏ nimmt die Anhörungen des Untergebrachten vor und
- ❏ beschließt über Fortdauer der Unterbringung oder Entlassung.

Oft gibt der Jugendrichter, der das Urteil gesprochen hat, die Vollstreckung an seinen Kollegen bei dem Amtsgericht ab, in dessen örtlicher Zuständigkeit die Maßregelvollzugseinrichtung liegt. Es gibt aber auch Jugendrichter, die sehr großen Wert darauf legen, den weiteren Werdegang eines ihnen bekannten Jugendlichen oder Heranwachsenden persönlich zu verfolgen, und die deshalb die Vollstreckung trotz großer Entfernung nicht aus der Hand geben.

Bei den unter Anwendung von Jugendrecht Verurteilten ist zu beachten, dass für die Vollstreckung das Aktenzeichen maßgeblich bleibt, das für den Strafprozess galt. Wenn ein als Jugendlicher oder Heranwachsender Verurteilter durch lange Dauer von Straf- oder Maßregelvollzug das Erwachsenenalter erreicht hat, meistens etwa mit 23 oder 24 Jahren, übergibt der Jugendrichter durch einen Beschluss den Verurteilten in den Erwachsenenvollzug und die Vollstreckung an die Staatsanwaltschaft.

Relativ unkompliziert gestaltet sich in der Regel die formale Zusammenarbeit mit der zuständigen Strafvollstreckungskammer, da diese meist lange in derselben personellen Besetzung arbeitet und die Maßregelvollzugseinrichtung nur mit einem oder wenigen Richtern Kontakt zu halten braucht. Dieser erschöpft sich im Wesentlichen darin, Termin und Ort für die anstehenden Anhörungen abzusprechen. Grundsätzlich können die Anhörungen im Gericht oder in der Maßregelvollzugseinrichtung stattfinden, wobei die letzte Möglichkeit natürlich für die Einrichtung die angenehmere ist, besonders wenn an einem Termin mehrere Anhörungen anstehen, was häufig der Fall ist. Sie erspart der Einrichtung den Transport des oder der anzuhörenden Patienten zum Gericht und damit ein Sicherheitsrisiko bzw. die Aufgabe, dieses gering zu halten.

Bei den Anhörungen sind in aller Regel der Bezugstherapeut des Patienten und oft auch der Leiter der Maßregelvollzugseinrichtung als Sachverständige anwesend. Inhaltlich ist das Verhältnis zwischen Einrichtung und Strafvollstreckungskammer allerdings oft gespannter als das zwischen dem Maßregelvollzug und der vollstreckenden Staatsanwaltschaft, denn die Richter treffen ihre Entscheidungen nicht allein unter therapeutischen Gesichtspunkten, sondern müssen auch der Sicherheit der Allgemeinheit und der obergerichtlichen Rechtsprechung Rechnung tragen. Andererseits muss die Maßregelvollzugseinrichtung diese Entscheidungen unabhängig von ihrer Praktikabilität umsetzen. ⌐**Anhörungen, Seiten 110,129**

Wie gelangt ein Straftäter in den Maßregelvollzug?

Das Ermittlungsverfahren

Ein Mensch tut etwas, das nach dem Strafgesetzbuch mit Strafe bedroht ist, er begeht also eine Straftat. Dies kann der Diebstahl einiger CDs im Kaufhaus sein, aber auch die Tötung eines Menschen. Die Straftat kann geplant und wohl durchdacht oder aus einer bestimmten Befindlichkeit heraus begangen werden, in aller Heimlichkeit, zusammen mit anderen oder trotz der Gegenwart anderer Menschen.

Meistens erfährt – von Mitanwesenden abgesehen – die Polizei zuerst von der Straftat, zum Beispiel durch einen Notruf oder eine Anzeige. Damit beginnt das Ermittlungsverfahren. Seine Modalitäten sind durch die Strafprozessordnung (StPO) geregelt. Die Polizei leistet zunächst Hilfe, sichert den Tatort ab, dokumentiert die hinterlassenen Spuren. Es werden Beweise gesammelt beispielsweise in Form von liegen gelassenen Gegenständen, Fingerabdrücken, ärztlich attestierten Verletzungsfolgen und auch so genannten »genetischen Fingerabdrücken«, also Haaren, Hautschuppen, Speichel. Gegebenenfalls werden Beweisstücke wie Waffen oder Fingerabdrücke später zur eingehenden Untersuchung an entsprechende Labors des Landes- oder Bundeskriminalamts, eine Leiche zur Obduktion ins gerichtsmedizinische Institut gegeben. Die Polizei versucht, so viel wie möglich über den Hergang der Tat und die Gründe dafür herauszufinden. Dazu werden Zeugen vernommen, unter ihnen vielleicht auch der Geschädigte, und, sobald er feststeht, auch der Täter.

Es gibt Straftaten, die die Polizei von Amts wegen verfolgen **Straftaten** muss, sobald sie Kenntnis von ihnen erhält, die so genannten *Offizialdelikte*. Dazu gehört die Mehrzahl der Straftaten. Es nützt also nichts, etwa eine Strafanzeige wegen gefährlicher Körperverletzung nach einer

Messerstecherei unter angetrunkenen Arbeitskollegen später um des Friedens willen wieder zurückzuziehen. Sobald die Polizei von diesem Vorfall weiß, muss sie weiter ermitteln. Daneben gibt es andere Delikte wie Beleidigung oder üble Nachrede, die nur auf einen Strafantrag hin verfolgt werden, die so genannten *Antragsdelikte*. Allerdings kann die Staatsanwaltschaft bei einigen davon auch von Amts wegen einschreiten, wenn ein besonderes öffentliches Interesse an der Strafverfolgung besteht.

Auch wenn die Polizei ihre Ermittlungen am Tatort selbstständig beginnt, ermittelt sie im Auftrag der örtlich zuständigen Staatsanwaltschaft. Bei leichteren Straftaten führt die Polizei zunächst ihre routinemäßigen Ermittlungen durch, verfasst einen Bericht darüber und leitet diesen an die zuständige Staatsanwaltschaft weiter. Diese entscheidet dann darüber, ob ihr das Ermittlungsergebnis ausreichend erscheint oder ob sie weitere Ermittlungen anordnet. Über schwerere Straftaten oder einen entsprechenden Verdacht informiert die Polizei frühzeitig die Staatsanwaltschaft, die dann die weiteren Ermittlungen leitet. Dabei ist sie gehalten, nicht nur *be*lastendes, sondern auch *ent*lastendes Material zusammenzutragen.

Ist der Mensch ermittelt, der die Tat *wahrscheinlich* begangen **Haftbefehl** hat, kann gegen ihn auf Antrag der Staatsanwaltschaft unter bestimmten Voraussetzungen ein Haftbefehl erlassen werden. Es muss ein *dringender* Tatverdacht gegen ihn bestehen sowie mindestens einer der folgenden Haftgründe. Das kann die Tatsache sein, dass der Verdächtige flüchtig ist, aber auch nur die Gefahr, dass er sich dem anstehenden Strafverfahren durch Flucht entzieht (Fluchtgefahr) oder dass er zum Beispiel durch Beeinflussung von Zeugen die Wahrheitsfindung erschwert (Verdunkelungsgefahr). Auch die Tatsache, dass ein Sexualdelikt oder eine andere schwere Straftat begangen wurde und die Gefahr weiterer ähnlicher Straftaten besteht, kann ein Haftgrund sein.

Über den Haftbefehlsantrag der Staatsanwaltschaft entscheidet der zuständige Richter am Amtsgericht, der »Haftrichter«, wenn er den Tatverdächtigen nach seiner Festnahme vernommen hat. Da ein Tatverdächtiger spätestens am nächsten Tag nach seiner Festnahme dem Richter vorgeführt werden muss, gibt es bei Staatsanwaltschaften und Gerichten entsprechende Bereitschaftsdienste für die Nacht und das Wochenende, die der Polizei bekannt sind.

Wenn Untersuchungshaft angeordnet wurde, wird der Untersuchungshäftling erst einmal in die nächstgelegene Justizvollzugsanstalt gebracht; später erfolgt unter Umständen eine Verlegung, etwa zur Trennung mehrerer Tatverdächtiger oder wegen örtlicher Zuständigkeit. Fast alle Justizvollzugsanstalten haben eine Abteilung für Untersuchungshäftlinge.

Manchmal entsteht bei der Polizei bzw. der Staats- **Unterbringungsbefehl** anwaltschaft oder beim Haftrichter auf Grund eines persönlichen Eindrucks oder der bis dahin vorliegenden Ermittlungsergebnisse frühzeitig der Verdacht, eine erhebliche Alkoholisierung, der Einfluss von Drogen oder eine psychische Erkrankung könnte eine wichtige Rolle beim Zustandekommen der Tat gespielt haben. Das kann eine psychiatrische Begutachtung erforderlich machen und möglicherweise zur Annahme einer Verminderung oder Aufhebung der Schuldfähigkeit führen. Dann kann der Haftrichter statt eines Haftbefehls einen Unterbringungsbefehl nach § 126 a StPO erlassen. Der Tatverdächtige kommt dann nicht in Untersuchungshaft, sondern wird einstweilen in einem psychiatrischen Krankenhaus oder einer Entziehungsanstalt untergebracht.

Die Träger der Maßregelvollzugseinrichtungen haben die Zuständigkeiten für diesen Fall festgelegt. Im Regelfall hält sich der Haftrichter an diese Zuständigkeitsregelung. Er ist aber befugt, den Beschuldigten abweichend davon auch in eine andere Maßregelvollzugseinrichtung einzuweisen. Wenn sich daraus erhebliche Schwierigkeiten in der Einrichtung ergeben, weil zum Beispiel die bauliche Sicherung nicht ausreichend ist oder kein Platz für eine vorläufige Unterbringung zur Verfügung steht, muss Rücksprache mit dem Haftrichter genommen werden, um ihn möglicherweise zu einer Änderung des Unterbringungsbefehls im Sinne der Zuständigkeitsregelung zu bewegen.

Nach Abschluss der Ermittlungen fasst die Staatsanwaltschaft die Ergebnisse bei hinreichendem Tatverdacht in einer Anklageschrift, sonst in einer Einstellungsverfügung zusammen. Auch bei geringem Verschulden kann die Staatsanwaltschaft das Verfahren einstellen, häufig allerdings nur mit Zustimmung des Gerichts und eventuell gegen Auflagen wie die Zahlung einer Geldbuße oder das Erbringen von gemeinnütziger Arbeit. Die Anklageschrift wird beim örtlich und sachlich, d. h. von seiner Kompetenz her, zuständigen Gericht eingereicht. Der Tatverdächtige erhält ein Exemplar der Anklageschrift vom Gericht zugestellt.

Das Verfahren vor Gericht

Das zuständige Gericht prüft die von der Staatsanwaltschaft eingereichte Anklageschrift und eröffnet bei entsprechendem Ergebnis dieser Prüfung das Hauptverfahren. Auch dessen Ablauf wird durch die Strafprozessordnung geregelt. Mit Zustimmung der Staatsanwaltschaft hat auch das Gericht die Möglichkeit, das Verfahren jederzeit einzustellen.

Hat der Angeklagte nicht selbst einen Rechtsanwalt mit seiner Verteidigung beauftragt, wird ihm vom Gericht ein Pflichtverteidiger beigeordnet, sofern schwere Straftaten vorliegen, die Untersuchungshaft schon mehr als drei Monate andauert oder die Rechtslage schwierig ist, auch bei Zweifeln an der psychischen Gesundheit und Leistungsfähigkeit des Angeklagten.

Nach der Eröffnung des Hauptverfahrens setzt das Gericht einen oder mehrere Verhandlungstermine fest, je nach veranschlagter Dauer des Prozesses. Zu diesen Terminen erscheint das Gericht, das je nach Schwere des abzuurteilenden Delikts mit einem oder mehreren Berufsrichtern und zusätzlich eventuell mit Laienrichtern (Schöffen) besetzt ist. Weiter müssen ein Staatsanwalt als Anklagevertreter und der Angeklagte, gegebenenfalls mit seinem Verteidiger, sowie ein Protokollführer anwesend sein. Gerichtsverhandlungen sind grundsätzlich öffentlich, d.h. dass jedermann sich in den Gerichtssaal setzen und zuhören kann. Unter bestimmten Voraussetzungen, beispielsweise bei der Beteiligung von Kindern als Zeugen oder bei Sexualdelikten, kann das Gericht jedoch beschließen, dass für Teile der Gerichtsverhandlung oder auch für die gesamte Verhandlung die Öffentlichkeit ausgeschlossen wird.

Bei jedem Erscheinen des Gerichts, also der **Ablauf der Hauptverhandlung** Richter, im Gerichtssaal erweisen alle dort versammelten Personen einschließlich der Zuhörer dem Gericht ihre Ehrerbietung dadurch, dass sie aufstehen. Sie werden dann vom Vorsitzenden Richter, der die Verhandlung leitet, aufgefordert, wieder Platz zu nehmen. Das Gericht stellt fest, ob alle für einen ordnungsgemäßen Prozessablauf nötigen Beteiligten anwesend sind. Eventuell anwesende Zeugen werden zunächst aus dem Saal geschickt und erst dann wieder hereingerufen, wenn sie ihre Aussage machen sollen. Anschließend verliest der Staatsanwalt die Anklageschrift. Dafür wird ihm durch den Vorsitzenden Richter das Wort erteilt, wie überhaupt Äußerungen vor Gericht nur nach Aufforderung des Vorsitzenden Richters erlaubt sind. Dieser gibt allerdings immer wieder allen Beteiligten die Möglichkeit, Fragen zu stellen, und es ist auch möglich, ihn um das Wort zu bitten.

Im weiteren Verlauf der Gerichtsverhandlung wird der Angeklagte zur Person und zur Sache, also der ihm vorgeworfenen Straftat, vernommen. Dabei ist er zu Angaben nur so weit verpflichtet, wie das zu seiner Identifizierung erforderlich ist. Anschließend oder auch am Ende der Beweisaufnahme verliest das Gericht den Bundeszentralregisterauszug über den Angeklagten und erörtert seine eventuellen Vorstrafen. Die Zeugen werden einzeln gehört. Ihre Befragung obliegt zunächst dem Vorsitzenden Richter, anschließend erhalten alle übrigen Prozessbeteiligten einschließlich eventueller Sachverständiger das Fragerecht. Schließlich wird

– wenn vorhanden – dem oder den Sachverständigen das Wort erteilt, damit sie ihr Gutachten erstatten, etwa einem Psychiater oder Psychologen zum psychischen Zustand des Angeklagten. Dann wird die Beweisaufnahme geschlossen und der Staatsanwalt und der Verteidiger des Angeklagten halten ihre Plädoyers, in denen sie den Tathergang, wie er sich in der Gerichtsverhandlung darstellte, aus ihrer Sicht beurteilen und meist einen Vorschlag zur Strafhöhe machen. Der Angeklagte erhält Gelegenheit zu einem so genannten letzten Wort; er kann etwas sagen, muss aber nicht.

Danach zieht sich das Gericht zur Beratung zurück und verkündet anschließend das Urteil, wobei sich die Anwesenden wieder von ihren Plätzen erheben. Danach begründet der Vorsitzende Richter in Grundzügen das Urteil.

Dies ist in groben Zügen der Ablauf einer Gerichtsverhandlung vor einem Strafgericht. Er kann sich bei schweren Straftaten oder mehreren Angeklagten, Verteidigern und Staatsanwälten erheblich verkomplizieren, aber der grundlegende Ablauf bleibt gleich, und es ist Aufgabe des Vorsitzenden Richters, mit den Besonderheiten umzugehen.

Sicherungsverfahren Wenn nach den bisherigen Ermittlungen und vor allem auch dem schriftlichen psychiatrischen Gutachten praktisch eindeutig feststeht, dass die Straftat nur auf Grund einer psychischen Erkrankung – etwa einer psychotischen Verkennung – begangen wurde, dass der Beschuldigte entsprechend schuldunfähig war und dass keine Freiheitsstrafe verhängt, sondern nur eine Maßregel angeordnet werden wird, dann kann nach den Paragraphen 413 bis 416 StPO statt des Strafverfahrens ein »Sicherungsverfahren« durchgeführt werden. Das psychiatrische Gutachten nimmt darin einen zentralen Platz ein.

Rechtsmittel Sowohl der Staatsanwalt als auch der Angeklagte und sein Verteidiger haben die Möglichkeit, nach der Urteilsverkündung durch das Gericht sofort auf Rechtsmittel gegen das Urteil zu verzichten. Wenn das beide Seiten tun, wird das Urteil *sofort* rechtskräftig. Sie können aber auch zunächst in Ruhe überlegen, ob sie das Urteil anfechten wollen. Legen beide Seiten innerhalb der dafür vorgesehenen einwöchigen Frist kein Rechtsmittel ein, wird das Urteil mit Ablauf dieser Frist rechtskräftig. Wird von einer Seite ein Rechtsmittel eingelegt, kommt es nicht zur Rechtskraft dieses Urteils.

An Rechtsmitteln gegen ein Urteil eines Amtsgerichts ist die Revision oder die Berufung möglich; gegen ein Urteil eines höheren Gerichts nur die Revision. Im Falle der Berufung kommt es vor dem dann zuständigen Landgericht zu einer völlig neuen Verhandlung, wiederum mit dem geschilderten Ablauf. Dagegen führt das Revisionsgericht keine Beweisaufnahme durch, sondern prüft nur, ob die Feststellungen und das Urteil der Vorinstanz in rechtsfehlerfreier Weise zustande gekommen sind. Entsprechend erschöpft sich eine Revisionsverhandlung in Ausführungen der Beteiligten zu Rechtsfragen. Die Entscheidung des Revisionsgerichts ist nicht anfechtbar.

Die psychiatrische Begutachtung
Das schriftliche Gutachten

Zu einer psychiatrischen Begutachtung kommt es dann, wenn der Eindruck bzw. der Verdacht besteht, die Straftat könne auf eine psychische Auffälligkeit oder Erkrankung, eine geistige Behinderung oder auf Alkohol- oder Drogenmissbrauch oder eine Abhängigkeitserkrankung zurückzuführen sein. Dieser Eindruck kann bereits bei der Polizei bzw. der ermittelnden Staatsanwaltschaft entstehen oder erst beim Gericht, gelegentlich auch erst während der Hauptverhandlung. Da dieser Verdacht geklärt werden muss, kann er zu jedem Zeitpunkt dazu führen, dass eine psychiatrische Begutachtung in Auftrag gegeben wird. Der Auftraggeber kann sowohl die Staatsanwaltschaft als auch das Gericht sein.

Grundsätzlich ist es auch möglich, dass der Angeklagte selbst bzw. sein Verteidiger ein Gutachten in Auftrag gibt. Dies geschieht jedoch in der Praxis eher selten. Häufiger ist der Fall, dass der Angeklagte oder sein Verteidiger während des Ermittlungsverfahrens oder im Vorfeld der Hauptverhandlung die Staatsanwaltschaft oder das Gericht über bereits bekannte psychische Auffälligkeiten oder frühere Begutachtungen oder Unterbringungen im Maßregelvollzug informiert und dass dann die Staatsanwaltschaft oder das Gericht das Gutachten in Auftrag gibt.

Der Gutachtenauftrag muss an eine bestimmte Person gerichtet sein, einen bestimmten angestellten oder freiberuflich tätigen Psychiater oder Psychologen, und von diesem persönlich ausgeführt werden. Die oft geübte Praxis, zum Beispiel den Leiter eines psychiatrischen Krankenhauses mit einer Begutachtung zu beauftragen, der diesen Gutachtenauftrag dann selbstständig an einen Ausbildungsassistenten weitergibt und diesen »supervidiert«, ist nicht zulässig. Gleichwohl sollen auch angestellte Ärzte und Psychologen in Zusatzausbildung Gelegenheit zu den in diesem Zusammenhang geforderten supervidierten Begutachtungen erhalten. Außerdem kann der Chefarzt allein meist nicht gewährleisten, dass der Auftraggeber das Gutachten in einer angemessenen Frist erhält. Deshalb ist es sinnvoll, wenn der Vorsitzende Richter und der Leiter der Einrichtung absprechen, wer das Gutachten erstellen soll.

MERKE ⟶ Mit dem Gutachten wird eine *bestimmte* Person beauftragt. Es kann nur mit Zustimmung des Auftraggebers delegiert werden.

In jedem Fall sollte der Empfänger des Gutachtenauftrags diesen bestätigen und gleichzeitig den voraussichtlichen Abgabetermin mitteilen. Wenn sich aus irgendeinem Grund daran Entscheidendes ändert, sollte eine nochmalige Benachrichtigung erfolgen. Im Normalfall umfasst ein Gutachten Aktenstudium, Exploration sowie körperliche Untersuchung und Überlegungen zur Beantwortung der Fragestellung des Auftraggebers. Wenn zusätzliche kostenintensive Untersuchungen nötig erscheinen – etwa testpsychologische Diagnostik oder eine Computertomografie des Gehirns (CCT) –, sollte auch dafür zuvor die Zustimmung des Auftraggebers eingeholt werden.

Die zu beantwortende Fragestellung muss im Gutachtenauftrag aufgeführt sein. Ist sie nicht klar, muss man deswegen beim Auftraggeber nachfragen. Meist geht es um die Frage der Schuldfähigkeit gemäß § 20 und § 21 StGB und eventuell um die Frage der Unterbringung in einem psychiatrischen Krankenhaus gemäß § 63 StGB oder in einer Entziehungsanstalt gemäß § 64 StGB.

MERKE → Fragestellung des Gutachtens ggf. durch Rückfragen konkretisieren.

Zunächst werden die vom Auftraggeber mitgesandten Ermittlungsakten (und eventuell auch Sachakten aus früheren Verfahren) sorgfältig gelesen und unter dem Gesichtspunkt der Fragestellung exzerpiert. Dann müssen – je nach Umfang und Schwierigkeit der zu beurteilenden Problematik – ein oder mehrere Termine mit dem zu Begutachtenden organisiert werden. Befindet er sich auf freiem Fuß, wird er schriftlich zu dem oder den Begutachtungsterminen einbestellt, eventuell mit dem Hinweis, möglichst nicht alkoholisiert zu erscheinen. Außerdem wird er gebeten, sich unter einer angegebenen Telefonnummer zu melden, wenn er den Termin nicht einhalten kann. Lässt er nichts von sich hören, erscheint aber auch nicht zum angegebenen Termin, verständigt man den Auftraggeber über diese Tatsache. Dieser entscheidet über das weitere Vorgehen. Er kann zunächst um eine weitere Einbestellung bitten, nachdem er etwa über den Verteidiger des zu Begutachtenden Einfluss auf diesen genommen hat. Er kann aber auch eine Vorführung durch die Polizei veranlassen.

Befindet sich der zu Begutachtende in Untersuchungshaft, kann die Begutachtung zum einen in der Justizvollzugsanstalt stattfinden. Der Gutachter vereinbart dann telefonisch mit der Justizvollzugsanstalt, dass ihm zu den von ihm gewünschten Terminen ein angemessener Raum für seine Gespräche und Untersuchungen zur Verfügung gestellt wird. Zum anderen kann er beim Auftraggeber beantragen, dass der zu Begutachtende aus der Justizvollzugsanstalt vorgeführt wird; die begleitenden Beamten bleiben dann in der Regel zur Sicherung da. Diese Möglichkeit ist vorzuziehen, wenn im Rahmen der Begutachtung außer dem Gespräch weitere Untersuchungen nötig sind. Außerdem ist das räumliche Angebot der Justizvollzugsanstalten für Begutachtungen meist nicht sehr einladend. Andererseits muss man bedenken, dass eine Vorführung zur Begutachtung zwei bis drei Beamte der Justizvollzugsanstalt über viele Stunden bindet.

Eine weitere Möglichkeit ist die Unter- **Unterbringung zur Beobachtung** bringung zur Beobachtung in einem psychiatrischen Krankenhaus nach § 81 StPO. Diese kommt in Frage, wenn ein zu Begutachtender freiwillig nicht bereit ist, sich zur Begutachtung einzufinden, oder wenn die Begutachtung außergewöhnlich aufwendig ist. Vor allem aber ist sie empfehlenswert, wenn im Rahmen der Begutachtung eine längere Verhaltensbeobachtung wichtig ist, etwa bei Verdacht auf das Vorliegen einer Persönlichkeitsstörung.

Die Einweisung nach § 81 StPO wird durch das Gericht vorgenommen. Sie ist aber erst zulässig, wenn ein Gutachter auf Grund eines persönlichen Eindrucks vom zu Begutachtenden die Notwendigkeit der Unterbringung bescheinigt. Die Höchstdauer beträgt sechs Wochen. Ist die Beobachtung schon früher abgeschlossen, muss der zu Begutachtende sofort entlassen werden. Sofern er aus der Untersuchungshaft eingewiesen wurde, ist er natürlich angemessen zu sichern. Deshalb empfiehlt sich eine Unterbringung auf einer geschlossenen Maßregelvollzugsstation, mindestens aber auf einer geschlossenen psychiatrischen Station.

Vor Beginn der Untersuchung muss der zu Begutachtende darüber aufgeklärt werden, dass seine Angaben im Rahmen der Begutachtung nicht unter die Schweigepflicht fallen, sondern im Gutachten erscheinen und damit Staatsanwaltschaft und Gericht bekannt werden können. Wie bei seinen Vernehmungen durch die Polizei und in der Gerichtsverhandlung hat er das Recht, überhaupt keine Angaben zu machen oder Angaben zu bestimmten Themen zu verweigern. Man sollte sich vom zu Begutachtenden unterschreiben lassen, dass er entsprechend belehrt wurde. Da eine Aussageverweigerung natürlich die Aussagekraft des Gutachtens einschränkt, muss sie im Gutachten vermerkt werden. Gelegentlich wird dadurch eine Begutachtung praktisch unmöglich. Dies teilt man dem Auftraggeber mit, der dann über das weitere Vorgehen entscheiden muss (Verzicht auf das Gutachten, Versuch der Einflussnahme über den Verteidiger, Wechsel des Gutachters oder Erstattung lediglich eines mündlichen Gutachtens auf Grund des Eindrucks in der Hauptverhandlung).

Sofern man im Gutachten Vorbefunde aus früheren Aufenthalten im eigenen Krankenhaus oder in anderen Krankenhäusern verwenden will, ist eine schriftliche Entbindung von der Schweigepflicht nötig, die ganz konkrete Angaben enthalten muss, wer gegenüber wem zu welchem Zweck von der Schweigepflicht entbunden wird.

Nach Durchführung aller geplanten Untersuchungen wird das schriftliche Gutachten erstellt. Es wird zweizeilig geschrieben, damit sich Richter, Staatsanwalt und Verteidiger Notizen darin machen können. Es wird an den Auftraggeber adressiert und muss im Betreff das Aktenzeichen enthalten. Es empfiehlt sich ein Eingangssatz wie »Im Folgenden erstatte ich das mit Schreiben vom … angeforderte psychiatrische / psychologische Sachverständigengutachten über Herrn M. N.«. Die weiteren Personalien des Begutachteten schließen sich an.

Danach wird die Fragestellung aus dem Gutach- **Aufbau des Gutachtens** tenauftrag übernommen und anschließend angegeben, auf welche Quellen sich das Gutachten stützt. Das sind in jedem Fall die Ermittlungsakten der Staatsanwaltschaft und die eingehende Untersuchung des Begutachteten in der Justizvollzugsanstalt A oder dem psychiatrischen Krankenhaus B mit Untersuchungsdatum. Hinzu kommen können die Krankenakte und die Arztbriefe weiterer Krankenhäuser oder Gerichtsakten aus anderen Verfahren. Es empfiehlt sich, darauf hinzuweisen, dass der Begutachtete über sein Recht belehrt wurde, keine Angaben zu machen.

Dann wird die Aktenlage dargestellt, in kurzer Form, denn sie ist dem Auftraggeber bekannt. Andererseits muss aus der Darstellung der Aktenlage deutlich werden, auf welche Ermittlungsergebnisse sich der Gutachter bei seiner Begutachtung und Beurteilung bezieht. Dabei sind die Seitenzahlen aus den Akten anzugeben. An die Darstellung der Aktenlage schließt sich die der Exploration an. Sinnvollerweise unterteilt man sie mindestens in die *Exploration zur Lebensgeschichte*, die weiter unterteilt werden kann, wenn sie umfangreich ist, und die *Exploration zur Tat.* Hier ist auch der richtige Platz für die Mitteilung von Besonderheiten bei der Verhaltensbeobachtung oder beim Ablauf des Begutachtungsprozesses. In diesem Teil des Gutachtens äußert sich der Gutachter als Zeuge, berichtet nur über das Gehörte und Erlebte, ohne bereits Schlussfolgerungen auf Grund seiner Sachkunde daraus zu ziehen. Sein Fachwissen kommt nur in der gezielten Auswahl der Fragen und Informationen zum Ausdruck.

Im Anschluss daran folgen alle Aussagen, die der Gutachter nur auf Grund seines Fachwissens treffen kann, nämlich die verschiedenen Befunde: der psychische, der internistische, der neurologische. Hier finden auch die Zusatzbefunde ihren Platz: eventuelle Laborwerte, EEG- und CCT-Befunde sowie psychodiagnostische Ergebnisse. An die Befunde schließen sich die aus dem bis dahin Dargestellten abgeleiteten Diagnosen an. Forensische Schlussfolgerungen werden auch in diesem Teil des Gutachtens noch nicht gezogen. Sie sind dem abschließenden Abschnitt mit der forensischen Beurteilung vorbehalten. Eventuell ist am Ende des Gutachtens eine kurze zusammenfassende Beantwortung der eingangs zitierten Fragestellung(en) sinnvoll. Das Gutachten wird vom Gutachter unterschrieben, falls es supervidiert wurde, auch vom Supervisor. Dann wird es in der Regel in dreifacher Ausfertigung (je ein Exemplar für Gericht, Staatsanwaltschaft und Verteidigung) zusammen mit der Rechnung und den vorgelegten Akten an den Auftraggeber geschickt.

Auf der hier dargestellten formalen Ebene zeichnet sich ein gutes Gutachten vor allem dadurch aus, dass eine saubere Herleitung zum Beispiel des psychischen Befundes aus Exploration und Verhaltensbeobachtung vorgenommen wird und dass die Schlussfolgerungen wirklich erst am Schluss gezogen werden. Die Länge eines Gutachtens ist nicht maßgeblich. Es müssen alle notwendigen Informationen enthalten sein; ansonsten sprechen die gelungene Auswahl der wichtigen Informationen und die geraffte Darstellung von weniger Wichtigem eher für als gegen Fachkompetenz. Sehr wichtig ist, dass das Gutachten für die Staatsanwaltschaft oder das Gericht, bei dem man eher wenig psychiatrisches Fachwissen voraussetzen darf, verständlich ist. Dazu gehört vor allem, dass Fachausdrücke übersetzt bzw. erläutert werden, ebenso wie die Vermittlung einiger allgemeiner Grundlagen für die Beurteilung des speziellen Falles. So kann es hilfreich sein, etwa anhand der Internationalen Klassifikation psychischer Störungen (ICD-10) oder des Diagnostischen und Statistischen Manuals psychischer Störungen (DSM-IV) kurz darzulegen, durch welche Symptome sich eine bestimmte Persönlichkeitsstörung allgemein äußert, um dann daraus abzuleiten, dass der Begutachtete an einer solchen Persönlichkeitsstörung leidet.

Das Gutachten wurde durch eine Staatsan- **Bezahlung der Begutachtung** waltschaft oder ein Gericht in Auftrag gegeben und diese sorgen auch für die Bezahlung. Dadurch wird das Gutachten Eigentum des Auftraggebers; er allein hat das Recht, es zu verteilen. Es ist nicht statthaft, dass der Gutachter etwa dem Begutachteten oder dessen Anwalt ein Exemplar aushändigt, wenn er darum gebeten wird, was gelegentlich vorkommt. Ein Exemplar behält der Gutachter als Grundlage für die mündliche Gutachtenerstattung und für seine eigene Dokumentation. Zumindest dann, wenn die Begutachtung stationär erfolgte oder der zu Begutachtende schon früher zur Behandlung im Krankenhaus war, wird außerdem ein Exemplar des Gutachtens in der Krankenakte abgelegt.

Für alle angestellten Gutachter gilt, dass Begutachtungen eine Nebentätigkeit sind, für die in der Regel eine Genehmigung beim Arbeitgeber beantragt werden muss. Meist wird sie ohne Schwierigkeiten erteilt, da Gutachtenerstattung ja notwendig ist und zudem zur Zusatzausbildung von Ärzten und Psychologen gehört. Die Nebentätigkeit ist außerhalb der Arbeitszeit zu erledigen. Dies ist meist so geregelt, dass Exploration und Untersuchungen in der Arbeitszeit durchgeführt werden können, diese Zeit dann aber nachgearbeitet werden soll. Das Aktenstudium und die Ausarbeitung des Gutachtens sollten außerhalb der Dienststunden erledigt werden.

Die Nebentätigkeit wird gesondert bezahlt. Für die Liquidation gibt es übliche Stundensätze. Für einen Anfänger ist es zu empfehlen, sich diesbezüglich bei einem erfahrenen Kollegen, etwa dem Supervisor des Gutachtens, zu informieren. Die Rechnung wird entweder durch den Gutachter selbst gestellt, der auch den Eingang des Honorars überwachen muss, oder das Honorar wird vom Krankenhaus in Rechnung gestellt; es überweist dann das Honorar nach Eingang an den Gutachter.

In allen Krankenhäusern ist es üblich bzw. auch durch Rahmendienstordnungen u.Ä. festgelegt, dass ein bestimmter Prozentsatz des Honorars an das Krankenhaus bezahlt bzw. von diesem einbehalten wird, um die Kosten für die Benutzung von krankenhauseigenem Papier, PC, Räumen etc. zu decken. Ebenfalls üblich ist, dass der Supervisor für seinen Zeitaufwand einen bestimmten Prozentsatz des Gutachtenhonorars erhält. Falls das Gutachten diktiert und von einer Sekretärin geschrieben wird, ist darauf zu achten, dass deren Schreibgebühr ebenfalls in Rechnung gestellt und auch an sie weitergeleitet wird, sofern der Betrag zusammen mit dem Gutachtenhonorar an den Gutachter überwiesen wird, was meist der Fall ist.

Für Aktenstudium, Exploration und Untersuchungen ist die tatsächlich benötigte Zeit anzugeben. Für die Ausarbeitung des Gutachtens, also die forensischen Überlegungen und Schlussfolgerungen, sowie Diktat bzw.

Niederschrift und Korrektur des Gutachtens gilt im Prinzip dasselbe. Jedoch wird ein Anfänger sicher wesentlich mehr Zeit benötigen als ein erfahrener Gutachter, bedingt durch Literaturstudium und Supervision sowie eventuell noch nötige Überarbeitungen des Gutachtens. Diese eigentlich eher der eigenen Fortbildung als der Begutachtung dienende zusätzliche Zeit kann dem Auftraggeber natürlich nicht berechnet werden. Hier ist eine Stundenzahl anzusetzen, die ein leidlich erfahrener Gutachter benötigen würde. Am besten lässt man sich hierzu beraten.

Hinzu kommen eventuell die Fahrzeit zur Begutachtung in einer Justizvollzugsanstalt und das entsprechende Kilometergeld. Die insgesamt benötigte Zeit wird auf volle Stunden aufgerundet, um den immer gegebenen organisatorischen Zeitaufwand abzugelten.

Gutachtenhonorare müssen durch den Gutachter bei der Lohn- oder Einkommensteuererrerklärung angegeben und versteuert werden. Seit Frühjahr 2001 muss auf Grund einer Entscheidung des Europäischen Gerichtshofs für Gerichtsgutachten auch der volle Umsatzsteuersatz abgeführt werden, die dem Auftraggeber in Rechnung gestellt wird. Falls der Gutachter jedoch im Jahr weniger als 16.620 Euro Umsatz durch Gutachten hat, kann er beim zuständigen Finanzamt als so genannter Kleinunternehmer eine Befreiung von der Umsatzsteuerpflicht beantragen.

Das mündliche Gutachten

Die gesamte Arbeit für das schriftliche Gutachten ist nur eine Vorbereitung für das mündliche Gutachten, das in der Hauptverhandlung erstattet wird und für das Gericht maßgeblich ist. In der Hauptverhandlung können sich aus den Zeugenaussagen und den Aussagen und dem Verhalten des Angeklagten völlig neue oder ergänzende Gesichtspunkte zur Beantwortung der Fragestellung ergeben. Deshalb nimmt der Gutachter von Anfang an an der Hauptverhandlung teil und erstattet sein Gutachten in der Regel am Ende der Beweisaufnahme. Er bekommt auch nach der Aussage des Angeklagten und jeder Zeugenaussage vom Vorsitzenden Richter das Recht erteilt, den Angeklagten oder die Zeugen zu befragen, und sollte von diesem Recht gegebenenfalls auch Gebrauch machen, etwa sich bei einem Zeugen erkundigen, ob der Angeklagte auf ihn angetrunken oder betrunken gewirkt habe.

Sehr häufig kommt es nicht vor, dass auf Grund von Informationen in der Hauptverhandlung das schriftliche Gutachten entscheidend abgeändert werden muss, aber wenn das der Fall ist, ist es natürlich für jeden Gutachter eine schwierige Aufgabe. Dies sollte man nicht verhehlen. Man kann den Vorsitzenden Richter durchaus bitten, die Verhandlung für eine angemessene Zeit, vielleicht für fünfzehn bis dreißig Minuten, zu unterbrechen, mit der Begründung, dass sich völlig neue Aspekte ergeben hätten, die man vor der Erstattung des Gutachtens für sich selbst noch einmal überdenken müsse. Man kann auch den Vorsitzenden Richter um eine Verhandlungspause bitten, um den zu begutachtenden Angeklagten nochmals kurz nachzuexplorieren, wenn dies für eine sichere Beurteilung nötig erscheint. Dies könnte beispielsweise der Fall sein, wenn man während der Hauptverhandlung den Verdacht hat, dass der Angeklagte gewisse psychotische Symptome zeigt, die während der Begutachtung nicht zu beobachten waren.

Vor der Erstattung des mündlichen Gutachtens wird der Gutachter um folgende Angaben gebeten:

- ❏ Name;
- ❏ Alter (nicht Geburtsdatum!);
- ❏ Familienstand;
- ❏ Beruf, evtl. auch Funktion;
- ❏ so genannte ladungsfähige Anschrift, also eine Adresse, unter der er vom Gericht schriftlich erreicht werden kann – der angestellte Gutachter gibt hier normalerweise nicht seine Privatadresse an, sondern die Anschrift des Krankenhauses, in dem er arbeitet;
- ❏ die Versicherung, dass er mit dem Angeklagten weder verwandt noch verschwägert ist.

Es macht einen guten Eindruck, wenn der Gutachter auf diese Fragen vorbereitet ist und die Angaben spontan macht, ohne vom Richter jede einzelne Frage gestellt zu bekommen. Dann wird er vom Richter über seine Pflichten als Gutachter, vor allem die Pflicht zur Unparteilichkeit, belehrt und erstattet anschließend sein Gutachten. Dabei kann auf die Aktenlage meist verzichtet werden, da die Ermittlungsergebnisse ja in der Verhandlung bereits aufgerollt wurden. Alles andere muss dargestellt werden, am ausführlichsten natürlich die Diagnose und die forensischen Schlussfolgerungen. Ganz wichtig ist, dass sich der Gutachter vor der Verhandlung noch einmal ausführlich mit dem Gutachten beschäftigt und auf die Verhandlung vorbereitet hat in dem Sinne, dass ihm seine eigenen Gedankengänge wirklich präsent sind.

Im Anschluss an die Gutachtenerstattung können die Richter, der Staatsanwalt und der Verteidiger bzw. der Angeklagte Fragen an den Gutachter stellen. Ob und in welchem Ausmaß sie dies tun, ist unterschiedlich und kein Indiz für die Qualität des Gutachtens, eher schon die Art der Fragen. Einfache Verständnisfragen lassen auf eine nicht dem Niveau des Gerichts entsprechende Darstellung schließen. Anknüpfende Überlegungen, um deren Bestätigung oder Korrektur gebeten wird, deuten eher darauf hin, dass das Gericht etwas mit dem Gutachten anfangen konnte. Vereidigt wird der Sachverständige nur in Ausnahmefällen.

Wenn keine Fragen mehr bestehen, wird der Gutachter entlassen und verlässt sicher auch meistens die Verhandlung. Dies ist subjektiv oft schade, weil den Gutachter meist das Urteil interessiert, nachdem er sich im Rahmen der Begutachtung so eingehend mit dem Täter und seiner Tat auseinander gesetzt hat. Manchmal ist es möglich, sich diese Information auf anderen Wegen zu besorgen, etwa aus der Presse oder durch einen Anruf beim Vorsitzenden Richter oder beim Staatsanwalt am nächsten Tag. Wenn der Gutachter Zeit hat, kann er natürlich bis zum Ende der Verhandlung im Gerichtssaal bleiben. Er wird dafür aber nicht mehr bezahlt.

Die Ladung zur Hauptverhandlung mit der genauen Angabe des Verhandlungstermins und -orts bekommt der Gutachter in einigem zeitlichen Abstand vor der Verhandlung zugeschickt, und er muss unbedingt versuchen, sich diesen Termin freizuhalten. Wenn er wirklich unaufschiebbar verhindert ist, etwa durch eine schon gebuchte Urlaubsreise ins Ausland, sollte er sich umgehend telefonisch mit dem Vorsitzenden Richter wegen einer Verschiebung des Termins oder der Übernahme der Reisekosten von einem anderen als seinem Wohn- oder Arbeitsort aus in Verbindung setzen. Die Ladung muss zur Hauptverhandlung mitgebracht werden. Für die Abrechnung ist es ratsam, sich auf ihr nach der Entlassung durch die Protokollführerin den Zeitpunkt der Entlassung vermerken zu lassen.

Die Teilnahme an der Hauptverhandlung mit Gutachtenerstattung ist wiederum eine Nebentätigkeit. Sie geschieht natürlich in aller Regel innerhalb der Arbeitszeit und wird nachgearbeitet. In Rechnung gestellt wird sie mit demselben Stundensatz wie das schriftliche Gutachten, und zwar die Zeit vom Verhandlungsbeginn laut Ladung bis zur Entlassung durch das Gericht zuzüglich Fahrzeit, aufgerundet auf volle Stunden; hinzu kommen Kilometergeld und ggf. die Umsatzsteuer. Die Liquidation erfolgt auf demselben Weg wie beim schriftlichen Gutachten; die Ladung wird sinnvollerweise mitgeschickt.

Wenn sich ein Straftäter bereits im Maßregelvoll- **Sachverständige Zeugen** zug befindet und gegen ihn in einer anderen Sache ein Strafverfahren stattfindet, kann es vorkommen, dass ein Arzt oder Psychologe der Maßregelvollzugseinrichtung als so genannter sachverständiger Zeuge geladen wird, um zum Beispiel über bereits erzielte Behandlungsfortschritte und die Erfolgsaussichten der Behandlung Auskunft zu geben. Solche Aussagen darf er nur machen, wenn er vom Angeklagten von seiner Schweigepflicht entbunden wird. Wenn er Aussagen macht, ist er wie jeder Zeuge zu wahrheitsgemäßen Angaben verpflichtet, wobei von ihm verlangt wird, dass er sein Fachwissen etwa bei der Beurteilung der laufenden Behandlung oder der Formulierung einer Diagnose einbringt. Er sollte sich aber keinesfalls verführen lassen, sich beispielsweise zur Schuldfähigkeit zum Zeitpunkt der abzuurteilenden Tat zu äußern. Das ist Aufgabe eines Gutachters und nicht eines sachverständigen Zeugen.

Der sachverständige Zeuge erhält wie alle Zeugen eventuelle Auslagen ersetzt und eine Entschädigung für seinen Verdienstausfall, wenn er nicht vom Arbeitgeber für seine Zeugenaussage freigestellt wird, was bei angestellten Ärzten und Psychologen durchweg der Fall ist.

Inhaltliche Aspekte

Inhaltlich geht es bei der psychiatrischen Begutachtung im Strafverfahren meist um zwei Fragestellungen:

1. War der zu Begutachtende zum Zeitpunkt der Tat schuldfähig, vermindert schuldfähig oder schuldunfähig?
2. Liegen die Voraussetzungen für die Unterbringung im psychiatrischen Krankenhaus oder in einer Entziehungsanstalt vor?

Die gesetzlichen Regelungen zur Frage der Schuldfähigkeit finden sich in den Paragraphen 20 und 21 StGB.

Schuldfähig ist ein Mensch dann, wenn er sich im Rahmen einer gegebenen Situation frei entscheiden kann, wie er sich verhalten will, und diese Entscheidung dann auch in die Tat umsetzen kann. Damit trägt er die Verantwortung für sein Handeln und auch für eventuell unangemessenes, nicht normentsprechendes Verhalten. Die Schuldfähigkeit setzt sich zusammen aus der Einsichtsfähigkeit, d. h. der Fähigkeit, die Richtigkeit oder Unrichtigkeit einer Verhaltensweise zu erkennen, und der Steuerungsfähigkeit, d. h. der Fähigkeit, sich entsprechend dieser Einsicht zu verhalten.

Beeinträchtigungen der Einsichtsfähigkeit und / oder der Steuerungsfähigkeit können je nach Schweregrad zur Annahme einer verminderten Schuldfähigkeit (§ 21 StGB) oder einer Schuldunfähigkeit (§ 20 StGB) führen.

Für eine Beeinträchtigung der Schuldfähigkeit nach § 20 StGB kommen folgende Ursachen in Frage:

- eine so genannte krankhafte seelische Störung – damit ist eine körperlich begründete Erkrankung gemeint, etwa eine Schizophrenie oder eine schwere Alkoholintoxikation;

- eine tiefgreifende Bewusstseinsstörung, zum Beispiel während eines affektiven Ausnahmezustandes;

- Schwachsinn – hier ist an die schwereren Schwachsinnsformen gedacht, nicht nur an eine Minderbegabung;

- eine so genannte schwere andere seelische Abartigkeit – hierunter fallen vor allem schwere Persönlichkeitsstörungen.

Es ist darauf hinzuweisen, dass bei der psychiatrischen Begutachtung Aussagen nicht über die allgemeine Schuldfähigkeit eines Menschen, sondern über seine Schuldfähigkeit zum Zeitpunkt der von ihm begangenen Straftat(en) erwartet werden. Wichtig zu wissen ist weiter, dass für das Gericht eine Verminderung der Schuldfähigkeit erst dann von Bedeutung ist, wenn sie erheblich ist, d. h. einen gewissen Schweregrad aufweist. Eigentlich ist diese Beurteilung die Aufgabe des Gerichts, zu deren Bewältigung der Gutachter lediglich das notwendige Fachwissen vermitteln soll. In der Praxis wird vom Gutachter jedoch meist eine direkte Aussage darüber erwartet und von ihm auch gemacht, ob er – je nach Sicherheit seiner Einschätzung – eine erhebliche Verminderung der Schuldfähigkeit als gegeben ansieht bzw. nicht ausschließen kann.

Allgemeine Voraussetzung für die Anordnung einer Unterbringung im psychiatrischen Krankenhaus oder in einer Entziehungsanstalt ist zunächst einmal, dass ein Mensch eine oder mehrere Straftaten begangen hat.

Voraussetzungen für die Unterbringung in einem psychiatrischen Krankenhaus gemäß § 63 StGB sind:

- eine sicher festgestellte erheblich verminderte Schuldfähigkeit oder eine sicher festgestellte oder nicht ausschließbare Schuldunfähigkeit auf Grund einer oder mehrerer der in § 20 StGB genannten Ursachen sowie

- eine aus diesem Zustand resultierende Gefahr erheblicher rechtswidriger Taten und dadurch eine Gefährlichkeit für die Allgemeinheit.

Voraussetzungen für die Unterbringung in einer Entziehungsanstalt gemäß § 64 StGB sind:

- der Hang, alkoholische Getränke oder andere berauschende Mittel im Übermaß zu sich zu nehmen,
- ein ursächlicher Zusammenhang zwischen diesem Hang und der begangenen Straftat,
- eine aus diesem Hang resultierende Gefahr erheblicher rechtswidriger Taten sowie
- die konkrete Aussicht auf einen Behandlungserfolg.

Da die Voraussetzungen für die Unterbringung in einer Entziehungsanstalt komplizierter sind als die für die Unterbringung in einem psychiatrischen Krankenhaus, sollen dazu noch einige Anmerkungen gemacht werden.

Die Unterbringung gemäß **Unterbringungsvoraussetzung bei § 64 StGB** § 64 StGB setzt keine Einschränkung der Schuldfähigkeit voraus, ist also auch bei einem voll schuldfähigen Täter möglich.

Eine Dauerdiskussion zwischen Psychiatern und Juristen gibt es über den Begriff des »Hanges« und die Frage, ob darunter nur Suchtmittelabhängigkeit oder auch schwerer Substanzmissbrauch zu verstehen sei. Als Faustregel für die Praxis kann gelten, dass unter diesem Gesichtspunkt eine Unterbringung in einer Entziehungsanstalt dann erwogen werden sollte, wenn das generell im Maßregelvollzug gemäß § 64 StGB vertretene Behandlungsziel der *völligen* Suchtmittelabstinenz in Bezug auf den Unterzubringenden sinnvoll und akzeptabel erscheint.

Im Strafgesetzbuch findet sich unter § 64 Abs. 2 noch die Formulierung: »Die Anordnung unterbleibt, wenn eine Entziehungskur von vornherein aussichtslos erscheint.« Durch Beschluss des Bundesverfassungsgerichts vom 16. März 1994 wurde diese Bestimmung als mit Artikel 2 des Grundgesetzes unvereinbar und daher nichtig erklärt und die Anwendungsvoraussetzung dahingehend modifiziert, dass »eine hinreichend konkrete Aussicht eines Behandlungserfolges« bestehen muss. Dieser Beschluss wird noch immer nicht von allen Juristen beachtet. Umso wichtiger ist es, dass der Gutachter das Vorliegen der Voraussetzungen für die Unterbringung nach § 64 StGB anhand der derzeit geltenden gesetzlichen Bestimmungen prüft.

Gerade bei der Unterbringung in einer Entziehungsanstalt ist daran zu denken, dass eine Maßregel der Besserung und Sicherung nach § 67b StGB sofort zur Bewährung ausgesetzt werden kann, wenn der Verurteilte keine Freiheitsstrafe erhält oder diese zur Bewährung ausgesetzt wird und er bereits akzeptable Schritte eingeleitet hat, sein Suchtproblem anzugehen.

Wenn der Täter auf Grund der Schwere oder Anzahl seiner Taten mit einer höheren Freiheitsstrafe – von etwa drei Jahren an aufwärts – zu rechnen hat, sollte der Gutachter zur Frage der Vollstreckungsreihenfolge Stellung nehmen, auch wenn er dazu nicht ausdrücklich aufgefordert wurde. Die gesetzliche Regelung gemäß § 67 Abs. 1 sieht vor, dass die Maßregel vor der Strafe vollstreckt wird. Das hat im Falle einer hohen Freiheitsstrafe aber zur Folge, dass der Untergebrachte entweder nach Abschluss der Behandlung in den Strafvollzug muss, was die erreichten Behandlungserfolge erheblich gefährdet, oder dass die Unterbringung in der Entziehungsanstalt so weit verlängert werden muss, dass im Anschluss daran eine Entlassung in die Freiheit möglich ist. Auch wenn der Täter meist lieber gleich in den Maßregelvollzug möchte als zunächst in den Strafvollzug, ist bei sehr langen Unterbringungszeiten regelmäßig mit schweren Motivationskrisen zu rechnen, die gelegentlich sogar zum Behandlungsabbruch führen. Deshalb sollte der Gutachter bei höheren Freiheitsstrafen prüfen, ob er dem Gericht die Vorwegvollstreckung eines Teils der Freiheitsstrafe empfiehlt, damit dann ein angemessener Zeitrahmen für die Unterbringung nach § 64 StGB zur Verfügung steht.

Wenn bei dem Begutachteten sowohl eine der in § 20 StGB **Doppeldiagnose** genannten Störungen als auch eine Abhängigkeitserkrankung vorliegt (so genannte Doppeldiagnose), kann die Entscheidung schwierig werden, ob eine Unterbringung im psychiatrischen Krankenhaus oder eine Unterbringung in einer Entziehungsanstalt empfohlen werden soll. Eine nicht allzu ausgeprägte Persönlichkeitsstörung und eine Minderbegabung stehen der Unterbringung in einer Entziehungsanstalt nicht im Wege. Bei Vorliegen einer schweren Persönlichkeitsstörung, eines Schwachsinns oder einer Psychose zeigt die Praxis jedoch, dass Abstinenz allein meist nicht zu unauffälligem Verhalten und Straffreiheit führt; manchmal macht eine solche Erkrankung sogar die Durchführung einer Entwöhnungsbehandlung unmöglich. Dann ist die Unterbringung im psychiatrischen Krankenhaus mit ihrem vielfältigeren Behandlungsangebot vorzuziehen, in dessen Rahmen die Suchtproblematik mitbehandelt werden kann.

Nicht zulässig ist es, die Empfehlung der Unterbringung gemäß § 63 oder § 64 StGB von der Schwere der Straftat abhängig zu machen in dem Sinne, dass bei leichteren Straftaten eher die Unterbringung in einer Entziehungsanstalt angeraten wird und bei schwereren Straftaten eher die Unterbringung im psychiatrischen Krankenhaus. Am Rande sei erwähnt, dass auch eine Anordnung beider Maßregeln mit Vorwegvollzug der Unterbringung nach § 64 StGB möglich ist. Bei Erfolglosigkeit kann diese beendet werden und sich die Unterbringung nach § 63 StGB anschließen. Bei einem Behandlungserfolg können beide Maßregeln zur Bewährung ausgesetzt werden.

Zur eingehenderen Beschäftigung mit den inhaltlichen Aspekten der Begutachtung siehe die Literatur: H.-L. KRÖBER / M. STELLER (2000), N. NEDOPIL (2000), W. RASCH (1999) und U. VENZLAFF (2000).

Der Übergang in den Maßregelvollzug

Das am Ende des Strafverfahrens gesprochene Urteil wird rechtskräftig, wenn weder der Betroffene noch die Staatsanwaltschaft Rechtsmittel dagegen einlegen. Wenn aus dem Urteil hervorgeht, dass eine Maßregel nach § 63 StGB oder § 64 StGB vor einer daneben angeordneten Freiheitsstrafe zu vollziehen ist, muss der Verurteilte streng genommen mit Rechtskraft des Urteils umgehend in den Maßregelvollzug verlegt werden. Da in vielen Bundesländern die Kapazität der Maßregelvollzugseinrichtungen nicht mit der steigenden Zahl der Unterbringungsanordnungen Schritt hält und also nicht jederzeit freie Plätze im Maßregelvollzug zur Verfügung stehen, akzeptiert die Justiz oft eine gewisse Frist als so genannte Organisationshaft. In dieser Zeit verbleibt der Verurteilte im Strafvollzug, während ein Platz im Maßregelvollzug für ihn gesucht wird.

In allen Bundesländern gibt es sowohl für den Strafvollzug als auch für den Maßregelvollzug so genannte Vollstreckungspläne, die besagen, nach welchen Kriterien (letzter Wohnsitz des Verurteilten, Landgerichtsbezirk etc.) die Verurteilten auf die Straf- bzw. Maßregelvollzugseinrichtungen aufgeteilt werden. Wenn die Kapazität im Maßregelvollzug einigermaßen ausreichend ist, können die Staatsanwaltschaften die Verurteilten direkt auf die zuständigen Einrichtungen verteilen. Ist dies nicht der Fall, erfolgen Anmeldung und Verteilung – je nach Platzangebot auch in Abweichung vom Vollstreckungsplan – in der Regel durch eine zentrale Stelle, die etwa beim Träger der Einrichtungen angesiedelt ist.

Die Anmeldung eines Unterzubringenden bei der Maßregelvollzugseinrichtung erfolgt meist zunächst informell, zum Beispiel durch einen telefonischen Kontakt, und nach Klärung der Aufnahmemöglichkeit und des Aufnahmetermins dann formell durch ein entsprechendes Anschreiben und die Übersendung einer Ausfertigung von Urteil und Gutachten sowie eines so genannten Aufnahmeersuchens. Dieses wird nach der Aufnahme des Verurteilten unterschrieben und in einer Ausfertigung an die vollstreckende Staatsanwaltschaft zurückgesandt; eine Ausfertigung bleibt bei der Einrichtung. Das Aufnahmeersuchen ist quasi die offizielle Bestätigung dafür, dass und wann ein Verurteilter dem Straf- oder Maßregelvollzug zugeführt wurde. Je nach Bundesland wird die Aufnahme des Unterzubringenden in den Maßregelvollzug weiteren Stellen wie dem Landeskriminalamt oder dem Träger der Maßregelvollzugseinrichtung mitgeteilt.

In den meisten Fällen wird der Unterzubringende aus einer Justizvollzugsanstalt in den Maßregelvollzug gebracht. In diesem Fall ist die vollstreckende Staatsanwaltschaft für die Organisation des Transports verantwortlich. Er wird entweder als Einzeltransport durch die Justizvollzugsanstalt selbst durchgeführt oder durch den Polizeisammeltransport, den so genannten »Schub«, bei dem die bekannten grünen Busse mit Sehschlitzen nach einem festgelegten Fahrplan die Justizvollzugsanstalten und einen Teil der Maßregelvollzugseinrichtungen im gesamten Bundesgebiet verbinden.

Gelegentlich kommt es aber auch vor, dass sich der Unterzubringende auf freiem Fuß befindet und als Selbststeller in den Maßregelvollzug kommen soll. In diesem Fall teilt die Maßregelvollzugseinrichtung der Staatsanwaltschaft einen Aufnahmetermin für ihn mit, und die Staatsanwaltschaft lädt den Unterzubringenden, sich an diesem Termin zum Maßregelvollzug einzufinden. Leistet er dieser Ladung keine Folge, teilt die Maßregelvollzugseinrichtung dies der Staatsanwaltschaft mit, die ihn dann zur Fahndung ausschreibt und für seine Zuführung durch die Polizei sorgt. Eine enge Kooperation zwischen der Maßregelvollzugseinrichtung und der Staatsanwaltschaft ist in diesen Fällen notwendig.

Das geschilderte Vorgehen gilt auch für Unterzubringende, bei denen die Unterbringung im Maßregelvollzug nicht neu ausgesprochen wurde, sondern die bereits untergebracht waren und bei denen die Aussetzung der Unterbringung zur Bewährung widerrufen wurde, weil sie beispielsweise eine neue Straftat begangen, sich nicht an erteilte Weisungen gehalten oder nicht mit ihrem Bewährungshelfer kooperiert haben. Auch sie werden von der vollstreckenden Staatsanwaltschaft auf dem im jeweiligen Bundesland üblichen Weg erneut zum Maßregelvollzug angemeldet und, wenn sie nach einer neuen Straftat in Untersuchungs- oder Strafhaft sind, aus einer Justizvollzugsanstalt zugeführt oder sonst zum erneuten Antritt der Unterbringung geladen. ⌐ **Bewährung, Seite 138**

Hin und wieder umgehen Gerichte die gesamte Prozedur des Wartens auf Rechtskraft und einen Platz im Maßregelvollzug dadurch, dass sie am Ende der Hauptverhandlung einen Unterbringungsbefehl nach § 126a StPO erlassen. Dieser führt dazu, dass der Verurteilte *umgehend* in eine Maßregelvollzugseinrichtung aufgenommen werden muss und dort dann in aller Regel nach Rechtskraft des Urteils verbleibt. Dieses Vorgehen erschwert die Aufnahme- und Terminplanung der Einrichtung erheblich. Wenn wegen festgestellter oder nicht ausschließbarer Schuldunfähigkeit im Urteil keine Freiheitsstrafe verhängt, sondern nur eine Maßregel angeordnet wurde, *muss* das Gericht allerdings so verfahren. Wenn neben der Maßregel auch eine Freiheitsstrafe ausgesprochen wurde, dürfte – von vereinzelten Ausnahmefällen wie akuten Psychosen oder schweren Entzugserscheinungen abgesehen – kaum ein Unterzubringender einen nennenswerten Schaden nehmen, wenn er, meist im Anschluss an bereits erfolgte Untersuchungshaft, noch zwei bis drei Monate Strafhaft absolviert, bis die Behandlung im Maßregelvollzug beginnen kann. ⌐ **Behandlung, Seite 85**

Die Unterbringung im Maßregelvollzug

Die Aufnahme in den Maßregelvollzug

Die Aufnahme eines Unterzubringenden in den Maßregelvollzug gemäß § 63 oder § 64 StGB erfolgt in allen Fällen auf einer geschlossenen und meistens auch besonders gesicherten Station. Unterzubringende, die aus einer Justizvollzugsanstalt kommen, werden meistens von den begleitenden Beamten auf die Station gebracht. Bei ihnen kann man davon ausgehen, dass sie nicht alkoholisiert sind, dass Besonderheiten wie Suizidgefährdung, besondere Gefährlichkeit oder behandlungsbedürftige internistische Erkrankungen wie Diabetes bekannt und in den Unterlagen vermerkt sind, dass das Gepäck durchsucht ist und Geld, Ausweise und dergleichen, die so genannten Effekten, geordnet übergeben werden.

Der neue Patient wird vom Pflegepersonal in Empfang genommen und begrüßt. Gegebenenfalls wird ein Atemalkoholtest durchgeführt und Urin für ein Drogenscreening abgenommen. Die Personalien und sonstigen krankenhausüblichen Aufnahmedaten werden erfragt und an die Verwaltung weitergeleitet. Das Pflegepersonal erhebt die Pflegeanamnese und gibt dem neuen Patienten erste Informationen über die Räumlichkeiten, die Hausordnung und die allgemeinen Abläufe in der Einrichtung bzw. auf der Station, auf der er aufgenommen wurde. Meist wird ein neuer Patient nicht sofort in die Gemeinschaft der anderen Patienten eingegliedert, sondern zumindest für einige Tage der besseren Beobachtung wegen in einem besonderen Raum untergebracht. Dies gilt besonders dann, wenn ein »Selbststeller« bei der Aufnahme unter Alkohol- oder Drogeneinfluss steht und zunächst körperlich entgiftet werden muss. Derweil werden seine mitgebrachten Gegenstände durchgesehen, gefährliche oder nicht erlaubte Dinge aussortiert und aufbewahrt, Geld und Papiere in besondere Obhut genommen.

Ebenfalls am Aufnahmetag findet die ärztliche **Diagnostische Maßnahmen** Untersuchung statt, bestehend aus der körperlichen Untersuchung und einem ausführlichen Erstgespräch. Der aufnehmende Arzt dokumentiert seine Befunde, ordnet Laboruntersuchungen und gegebenenfalls eine erste Medikation an. In den nächsten Tagen wird die Exploration fortgesetzt und die Anamnese komplettiert, wobei als Besonderheit die Kriminalanamnese und frühere Unterbringungen oder Gefängnisaufenthalte zu berücksichtigen sind. Wichtig ist auch die Feststellung, ob so genannte Überhaft notiert ist, d. h. ob noch Freiheitsstrafen aus anderen Verfahren zu verbüßen sind, die den Verlauf der Unterbringung und die spätere Rehabilitation stören könnten, oder ob Bewährungswiderrufe drohen. Wenn Restdrittel von Freiheitsstrafen aus anderen Verfahren offen sind, muss abgeklärt werden, ob sie bereits zur Bewährung ausgesetzt sind oder ob die Aussetzung zur Bewährung vom Ergebnis des Maßregelvollzugs abhängt.

Bezüglich der aktuellen Verurteilung empfiehlt es sich, wenigstens überschlagsweise eine Berechnung der Unterbringungszeit durchzuführen, die den Halbstrafen- und Zweidritteltermin, die nächste(n) Überprüfung(en) gemäß § 67e StGB und – bei der Unterbringung in einer Entziehungsanstalt – die verlängerte Höchstfrist (Zeit bis zum Zweidrittel-Zeitpunkt zuzüglich zwei Jahre Maßregel) enthalten sollte.

Ebenfalls in den ersten Tagen der Unterbringung nimmt der Sozialdienst Kontakt zu dem neuen Patienten auf und klärt ab, ob dringende persönliche Angelegenheiten zu regeln sind wie Mitteilung der Aufnahme in den Maßregelvollzug an Angehörige oder nahe Bezugspersonen, Kontaktaufnahme mit einem eventuellen Betreuer, polizeiliche Ummeldung, Auflösung einer Wohnung oder dergleichen. Wichtig ist zudem die Feststellung der finanziellen Verhältnisse des Patienten wegen der Entscheidung, ob er Anspruch auf Taschengeld nach dem Bundessozialhilfegesetz (BSHG) hat.

In der nächsten Zeit schließen sich weitere diagnostische Maßnahmen an, zum Beispiel Röntgen, Elektrokardiographie (EKG), Elektroenzephalographie (EEG), Computertomographie des Schädels (CCT), aber meist auch eine psychologische Testuntersuchung, in der Regel mit den Schwerpunkten Intelligenz- und Persönlichkeitsdiagnostik. Dabei ist natürlich zu berücksichtigen, welche psychodiagnostischen Maßnahmen bereits im Rahmen der Begutachtung durchgeführt worden sind und wie lange diese Untersuchungen zurückliegen. Zur Abrundung der Diagnostik gehört auch die Anforderung von Epikrisen früherer Behandlungen, wozu allerdings die Zustimmung des Patienten erforderlich ist.

Bei der Durchführung aller diagnostischen Maßnahmen ist zu berücksichtigen, dass es sich bei dem Patienten um einen als gefährlich eingestuften Straftäter handelt, der dem Stationsteam in seinem Verhalten und seinen Reaktionen noch wenig bekannt ist. Daher müssen verstärkte Maßnahmen zum Schutz der Mitarbeiterinnen und Mitarbeiter ergriffen werden, beispielsweise das Tragen von Personenschutzgeräten und das Vermeiden der Durchführung von diagnostischen Maßnahmen durch eine Person allein. Falls diagnostische Maßnahmen außerhalb der Station oder der Maßregelvollzugseinrichtung durchgeführt werden müssen, kommen ausreichende Sicherungsmaßnahmen gegen eine Entweichung hinzu. Sind diese von der Maßregelvollzugseinrichtung nicht zu gewährleisten, kann die Polizei um Amtshilfe gebeten werden – eine rechtzeitige Terminabsprache ist nötig.

Allerdings ist zu beobachten, dass der größte Teil der neu aufgenommenen Patienten sich zunächst einmal recht zurückhaltend verhält, die neue Umgebung und Situation sondiert und in der Aufnahmephase eher selten zu aggressivem Verhalten neigt.

MERKE ⟶ Die in den Maßregelvollzug aufzunehmenden Patienten werden als gefährlich eingestuft. Neu aufgenommene Patienten verhalten sich aber zunächst meist zurückhaltend.

In der Abschlussphase der Diagnostik, in der Regel spätestens nach sechs bis acht Wochen Unterbringung, steht die allmähliche Eingliederung des Patienten in den Behandlungsprozess an. Spätestens zu diesem Zeitpunkt wird er auch in die Patientengruppe integriert, in der er nun für längere Zeit leben wird. Wenn dies nicht schon zuvor geschehen ist, erhält er einen Bezugstherapeuten, der entweder Arzt oder Psychologe ist, und in Maßregelvollzugseinrichtungen, die nach dem Prinzip der Bezugspflege arbeiten, eine Bezugsperson aus dem Pflegeteam zugeordnet. Diese erarbeiten unter Berücksichtigung der bisherigen Ergebnisse der Diagnostik und der Verhaltensbeobachtung möglichst gemeinsam mit dem Patienten einen ersten Behandlungsplan.

Bauliche und organisatorische Voraussetzungen

Grundvoraussetzungen für eine Maßregelvollzugseinrichtung sind eine ausreichende Sicherung nach außen, eine sinnvolle interne Unterteilung, die innere Sicherungsmöglichkeiten beinhaltet, und ausreichend Platz. Ob die Häuser oder Stationen neu gebaut oder frisch renoviert und mit neuen Möbeln ausgestattet sind, ist für ein geordnetes Zusammenleben und das Erreichen eines Therapieerfolgs nicht von ausschlaggebender Bedeutung, aber selbstverständlich sollten die baulichen Verhältnisse nicht unzumutbar sein. Mehrbettzimmer sind die Regel, Einzelzimmer eher die Ausnahme und meist besonders kranken, nicht gemeinschaftsfähigen Patienten vorbehalten. In einer fortgeschrittenen Behandlungsphase können sie auch der Förderung der Individuation dienen.

Speise-, Aufenthalts-, Fernseh- und Raucherräume müssen auf jeder Station zur Verfügung stehen. Häufig sind kleine Küchen zur gelegentlichen Zubereitung eines individuellen Essens vorhanden, da viele Patienten darunter leiden, dass sie auf Grund der langen Aufenthaltsdauern im Maßregelvollzug den jeder Krankenhausverpflegung inhärenten Zyklus wieder und wieder erleben. Andererseits sind im Maßregelvollzug auch bei guter Verpflegung Klagen über das Essen ein beliebtes Ventil, angestauter Unzufriedenheit mit der eigenen Lebenssituation Luft zu machen.

Da niemand über Monate und Jahre hinweg **Gruppierung von Patienten** rund um die Uhr Therapie machen kann, ist es wichtig, dass jeder Patient einen persönlichen Bereich als Ort zum Wohlfühlen und Rückzugsmöglichkeit hat, den er sich entsprechend seinen Vorstellungen gestalten kann. In der Regel wird es der Bereich um sein Bett herum sein. Wünschenswert wäre, dass er das Zimmer mit Mitpatienten teilen kann, für die er eine gewisse persönliche Sympathie empfindet und mit denen er in Bezug auf Ruhe- und Sauberkeitsbedürfnis, Musikgeschmack u. Ä. einigermaßen harmoniert. Allerdings muss die Maßregelvollzugseinrichtung auch darauf achten, ungünstige gegenseitige Beeinflussungen von Patienten möglichst zu verhindern. Günstig ist es bei der Zimmerbelegung meist, wenn Patienten zusammenleben, die sich bezüglich Intelligenz und Dominanz nicht allzu sehr unterscheiden. Oft ergeben sich dadurch Zimmergemeinschaften, bei denen auch die erwähnte persönliche Harmonie einigermaßen gegeben ist.

Grundsätzlich sollten therapiewillige und -fähige Patienten von solchen getrennt werden, bei denen keine Behandlungsmotivation besteht oder kein Behandlungserfolg erreichbar erscheint, und zwar möglichst nicht nur zimmerweise, sondern gruppen- oder stationsweise. Vor allem im Maßregelvollzug gemäß § 64 StGB ist es unbedingt empfehlenswert, die Patienten, die auf die Beendigung der Maßregel und die Rückführung in den Strafvollzug warten, während des Zeitraums von einigen Monaten, die das dafür notwendige juristische Verfahren in Anspruch nimmt, von den anderen Patienten getrennt unterzubringen, um negative Beeinflussungen zu unterbinden. Natürlich muss bei einer Änderung der Motivationslage für jeden Patienten die Rückkehr in den Behandlungsprozess möglich sein.

Für die Zusammenfassung von Patienten auf Stationen gibt es im Maßregelvollzug wie in der Psychiatrie verschiedene Leitlinien. Vielerorts hat
sich eine Unterteilung nach großen Diagnosegruppen durchgesetzt. So
sollten Suchtkranke, unterteilt nach Alkohol- und Medikamentenabhängigen einerseits sowie Drogenabhängigen andererseits, getrennt von
anderen psychisch Kranken behandelt werden. Wegen des spezifischen
Behandlungsansatzes ist anzuraten, erheblich minderbegabte Patienten
gesondert zusammenzufassen, eventuell zusammen mit sehr »abgebau-
ten« Patienten. Ungünstig ist eine gemeinsame Unterbringung von Patienten mit Persönlichkeitsstörungen und Patienten, die an Psychosen leiden. Unter einem anderen Aspekt ergibt sich die separate Behandlung
von Jugendlichen, eventuell Frauen und älteren Patienten.

Weitere Gruppierungsmöglichkeiten, besonders für Suchtkranke, sind
einerseits die Durchführung der kompletten Behandlung jedes Patienten
auf der Station, auf der er aufgenommen wurde, und andererseits die so
genannte Behandlungskette, bei der die verschiedenen Phasen der Behandlung auf verschiedenen spezialisierten Stationen angeboten werden,
die der einzelne Patient im Laufe seiner Entwicklung durchläuft. Vorteil
des erstgenannten Modells ist, dass die »älteren« Patienten als Vorbild,
Ansporn, Ratgeber, Helfer und manchmal sogar als Co-Therapeuten dienen können, wovon die »jüngeren« Patienten und manchmal auch die
Therapeuten profitieren. Die Vorteile der Behandlungskette liegen darin,
dass die therapeutischen Angebote und vor allem das therapeutische Mi-
lieu auf den einzelnen Stationen spezifischer an die dort behandelte Patientengruppe angepasst werden können und dass der an den Verlegungen
von einer Station zur nächsten deutlich ablesbare Behandlungsfort-
schritt auf die Patienten außerordentlich motivierend wirkt.

Für die Entlassungsvorbereitungen sind spezielle Rehabilitationsstatio-
nen, eventuell mit angeschlossenen betreuten Trainingswohngruppen
innerhalb oder auch außerhalb des Geländes der Maßregelvollzugseinrichtung, nahezu unabdingbar. ⌐ **Entlassung, Seiten 118, 128**

Frauen stellen im Maßregelvollzug eine kleine Minderheit **Patientinnen**
von unter fünf Prozent dar, insbesondere die gemäß § 64 StGB untergebrachten. Die Entwicklung scheint dahin zu gehen, zumindest die gemäß § 63 StGB untergebrachten Patientinnen regions- oder auch bundesländerweise auf einer Station oder Halbstation zusammenzufassen. Im Maßregelvollzug gemäß § 64 StGB sind die wenigen untergebrachten Frauen meist auf die Männerstationen verteilt, weil keine ausreichend große Gruppe für eine separate Unterbringung zusammenkäme. Dies ist bei entsprechender Stützung der Frauen durch die Mitarbeiter möglich, für die Patientinnen aber auf alle Fälle eine schwierige Aufgabe. Erfahrungsgemäß gibt es zwei Modelle, wie Frauen eine solche Situation bewältigen: Entweder nehmen sie eine eher asexuelle Rolle als »Kumpel« ein oder sie gehen relativ rasch eine engere Beziehung mit einem Mitpatienten ein, was dann zwar den Neid der anderen Patienten zur Folge hat, aber akzeptiert wird und damit zu einer Beruhigung der Lage führt. Günstig ist bei der Unterbringung von Frauen auf jeden Fall, eine Gruppe zusammenzufassen, selbst wenn diese sich dann die Station mit einer Männergruppe teilt.

Im Maßregelvollzug hat die Haus- bzw. Stationsordnung ei- **Hausordnung**
nen sehr hohen Stellenwert, um den Patienten eine sachliche Orientierungshilfe für ihr Verhalten zu geben und ein einigermaßen reibungsloses und geordnetes Zusammenleben untereinander sowie der Patienten mit den Mitarbeitern zu gewährleisten. Auf Einzelheiten solcher Haus- oder Stationsordnungen kann hier nicht eingegangen werden, da sie stark von den örtlichen Gegebenheiten und dem Rahmen abhängen, den die Psychisch-Kranken- und Maßregelvollzugsgesetze der einzelnen Bundesländer einräumen. Haus- oder Stationsordnungen sollten aber mindestens Regelungen enthalten über mögliche persönliche Habe (eigene Fernseher, Musikanlagen, rechtsorientierte Medienprodukte, Kleinhanteln etc.), die Ausgestaltung des persönlichen Wohnbereichs (Einbringen selbst gebauter Möbelstücke, Aufhängen pornografischer Fotos etc.),

finanzielle Regelungen (Verfügung über Taschengeld und Arbeitstherapiebelohnung, Verbot von Spielen um Geld etc.) und Tages- und Wochenablauf (Wecken, Zeit und Ort der Mahlzeiten, Fernsehzeiten, Therapieveranstaltungen, Verbindlichkeit der Teilnahme daran etc.).

Ganz wichtig sind das klare Verbot von Suchtmitteln (Alkohol, Drogen, Medikamente außer ärztlich verordneten, evtl. auch Einschränkungen des Tabak-, Kaffee- und Teekonsums) und die Festlegung entsprechender Kontrollen sowie das eindeutige Verbot von Gewaltandrohung und Gewaltanwendung. Durch die Haus- oder Stationsordnung geregelt werden müssen ferner die Möglichkeiten der Patienten zu Außenkontakten (Briefe, Pakete und Telefonate und deren eventuelle Kontrolle, Benutzung von Handys, Besuchsregelung, Umgang mit Versandgeschäften, Umgang mit Kontaktanbahnungsinstituten etc.). Regelmäßig enthalten Hausordnungen auch Hinweise auf den oder die zuständigen Seelsorger und einen eventuell vorhandenen Patientenfürsprecher und sonstige Beschwerdemöglichkeiten. Eventuell kann die Hausordnung auch Informationen darüber beinhalten, wie die Maßregelvollzugseinrichtung auf verschiedene Regelübertretungen reagiert, damit für die Patienten berechenbar ist, auf was sie sich in diesem Fall einlassen.

Üblicherweise wird in den Maßregelvollzugseinrichtungen nach Stufenplänen gearbeitet, in denen Variablen wie regelmäßige Therapieteilnahme, gute inhaltliche Mitarbeit, Fortschritte in der persönlichen Entwicklung, Auseinandersetzung mit der Straftat, Konfliktfähigkeit und angemessenes Verhalten registriert werden, teilweise durch Punktesysteme oder so genannte Therapiepässe. Bei einiger Stabilität führen diese Behandlungsfortschritte dann zu Aufstufungen, die mit der Gewährung von Annehmlichkeiten, Erleichterungen oder Lockerungen für den Patienten, aber auch mit höheren therapeutischen Anforderungen und der Übernahme von mehr Eigenverantwortung verbunden sind. Es ist günstig, wenn die Patienten diese Aufstufungen selbst beantragen müssen, da dadurch ihre Fähigkeit zur Selbsteinschätzung trainiert wird. Gegenüber diesem aus der Lerntheorie und Verhaltenstherapie stammenden Ansatz sind psychoanalytische Konzepte zumindest zur Gestaltung der Unterbringungsmodalitäten eher selten.

Die Patienten

Bei vielen der im Maßregelvollzug untergebrachten Patienten liegen als Haupt- oder Nebenerkrankung Persönlichkeitsstörungen vor. Dabei sind drei Persönlichkeitsstörungen (nach ICD-10) besonders oft anzutreffen, nämlich die dissoziale Persönlichkeitsstörung, die emotional instabile Persönlichkeitsstörung vom Borderline-Typ und die emotional instabile Persönlichkeitsstörung vom impulsiven Typ.

Die *dissoziale Persönlichkeitsstörung* zeichnet sich dadurch aus, dass der Betroffene – manchmal bei vorhandener, manchmal bei eingeschränkter Normenkenntnis oder -akzeptanz – in erster Linie seine eigenen Bedürfnisse durchzusetzen versucht, ohne die Auswirkungen dieses Verhaltens auf andere Menschen nachempfinden zu können oder Rücksicht darauf zu nehmen. Aus den negativen Rückmeldungen, die er daraufhin erhält, lernt er nur schwer. Im Konfliktfall neigt er dazu, die Schuld bei anderen zu suchen. Auch Reizbarkeit, geringe Frustrationstoleranz und die Neigung zu aggressivem Verhalten gehören zu diesem Krankheitsbild.

Die *emotional instabile Persönlichkeitsstörung vom Borderline-Typ* zeichnet sich durch extreme Stimmungsschwankungen aus; auch die Beziehungen zu anderen Menschen sind durch Schwarz-Weiß-Einschätzungen gekennzeichnet. Sie werden durch provokatives Verhalten immer wieder auf ihre Beständigkeit überprüft. Als Mittel dazu und gleichzeitig als emotionale Entlastung können Suiziddrohungen und -versuche und anderes selbstschädigendes Verhalten vorkommen.

Auch die *emotional instabile Persönlichkeitsstörung vom impulsiven Typ* ist durch gefühlsmäßige Unausgeglichenheit gekennzeichnet. Betroffene neigen zum Ausagieren ihrer Affekte und können sich nur schwer kontrollieren. In diesem Zusammenhang sind – besonders bei Kritik durch andere – Ausbrüche von gewalttätigem und bedrohlichem Verhalten nicht selten.

Natürlich gibt es im Maßregelvollzug auch Patienten ohne Persönlichkeitsstörungen, die eine relativ normale Entwicklung hinter sich haben und ausschließlich auf Grund einer psychischen Erkrankung wie einer Psychose straffällig geworden sind, aber sie sind eher in der Minderzahl.

Bei den meisten der untergebrachten Patienten haben sehr ungünstige Sozialisationsbedingungen zur Fehlentwicklung der Persönlichkeit beigetragen. So genannte »Broken Home«-Situationen mit unvollständigen, überforderten, oft suchtbelasteten Familien oder Stiefelternteilen, nicht verlässlichen zwischenmenschlichen Beziehungen und emotionaler Verwahrlosung, Schulschwierigkeiten, Heimunterbringungen, abgebrochene Ausbildungen, Anschluss an Cliquen mit negativem Einfluss sowie Suchtmittelmissbrauch sind in den Lebensgeschichten mit großer Regelmäßigkeit zu finden. Meist kam es frühzeitig zu kleineren oder großen Regelverstößen, auch in Form von Straftaten. Viele Patienten haben deswegen vor Beginn der Unterbringung bereits mehrere Jahre im Strafvollzug verbracht. Dort wurde dann die fehlentwickelte Persönlichkeit noch durch eine spezifische Sozialisation überformt, sodass sich schließlich eine »Knastmentalität« bildete, wie sie im Maßregelvollzug alltagssprachlich bezeichnet wird.

Diese Mentalität ist durch eine typische Einstellung und Erwartungshaltung bei den Patienten und durch entsprechendes Verhalten gekennzeichnet. Es werden klare Regeln und harte Strafen bei deren Übertretung verlangt. Gleichzeitig wird immer wieder versucht, diese Regeln aufzuweichen oder zu umgehen, und dadurch die Gültigkeit des Systems allgemein und die Belastbarkeit der Mitarbeiter, die es vertreten, in Frage gestellt. Wer den einfachen und undifferenzierten Normen nicht entspricht oder sie ablehnt, wird verachtet oder unterdrückt; Gesprächsbereitschaft und Toleranz werden als Schwäche gewertet und sind verpönt. Es besteht eine ausgeprägte Hierarchie innerhalb der Patientengruppe. Auf Grund der Erfahrung, dass sich der (vermeintlich) Stärkere durchsetzt, versuchen die Patienten den Eindruck von Überlegenheit und »Coolness« zu vermitteln, die eigenen Belange gegebenenfalls auch körperlich aggressiv durchzusetzen und keinesfalls Schwächen oder Gefühle zu zeigen.

Um möglichst niemanden hinter ihre Fassade blicken zu lassen, werden selten engere zwischenmenschliche Beziehungen eingegangen, und wenn, dann eher zu Frauen als zu Männern. Misstrauen gegenüber anderen Menschen ist die Regel. Häufig wird dieses Image von überzogener Männlichkeit äußerlich durch einen stark tätowierten und kraftsporttrainierten Körper unterstrichen.

Die Aufnahme in den Maßregelvollzug bedeutet für diese Patienten eine erhebliche Verunsicherung. Möglicherweise erstmals in ihrem Leben treffen sie auf Gesprächspartner, die zwar ihr(e) Delikt(e) nicht gutheißen und ihre zur Schau gestellte Lebenseinstellung hinterfragen, sie aber dennoch als Mensch mit Stärken und Schwächen anzunehmen und zu verstehen versuchen. Während der Unterbringung müssen die Patienten in den nächsten Monaten bis Jahren lernen, die positiven Seiten vertrauensvoller Beziehungen zu anderen Menschen zu erleben, ihre wirklichen Gefühle mehr zuzulassen und zu zeigen, Hilfe anzunehmen und zu suchen, Konflikte nicht durch Gewalt zu lösen und Verantwortung für sich selbst und andere zu übernehmen.

Patienten mit lebenslanger Freiheitsstrafe

Besonders im Maßregelvollzug gemäß § 63 StGB finden sich öfter Patienten mit lebenslanger Parallelstrafe. Sind sie behandelbar und liegt keine besondere Schwere der Schuld vor, die gemäß § 57a StGB eine Aussetzung der Strafe zur Bewährung verbieten würde, kann eine Behandlungsdauer von fünfzehn Jahren eingeplant werden, die in sinnvolle Abschnitte unterteilt werden muss. Ist eine besondere Schwere der Schuld gegeben oder erweist sich der Untergebrachte als nicht behandelbar, geht es hauptsächlich darum, einigermaßen akzeptable Lebensumstände für ihn zu schaffen. Je nach Art der vorliegenden Erkrankung dürfte dies manchmal in Justizvollzugsanstalten für so genannte Langstrafler besser möglich sein als im Maßregelvollzug, vor allem wegen der zuweilen vielfältigeren Arbeitsmöglichkeiten. Deshalb sollte man bei einem solchen Patienten probieren, ob nicht nach einer kürzeren intensiven Behandlungsphase die Maßregel zur Bewährung ausgesetzt werden kann und der Betroffene dann seine Haftstrafe verbüßt.

Im Maßregelvollzug gemäß § 64 StGB sind Patienten mit lebenslanger Freiheitsstrafe sehr selten. Sind sie potenziell entlassbar, kann man eine Umkehr der Vollstreckungsreihenfolge anregen. Folgt die Strafvollstreckungskammer dieser Empfehlung nicht oder ist der Patient grundsätzlich nicht entlassbar, kann lediglich der Teil der Behandlung erfolgen, der im geschlossenen Rahmen möglich ist. Eine Erprobung der Abstinenz in Freiheit und erst recht eine Rehabilitation sind nicht möglich, aber auch nicht angezeigt. Sind die gegebenen Behandlungsmöglichkeiten ausgeschöpft, sollte je nach Behandlungserfolg die Maßregel zur Bewährung ausgesetzt oder wegen Aussichtslosigkeit erledigt und der Patient anschließend dem Strafvollzug zugeführt werden.

Ausländische Patienten mit Ausweisungsverfügung

Wenn Ausländer aus nicht zur EU gehörenden Staaten in der Bundesrepublik schwere Straftaten begehen, erlässt das Ausländeramt meist eine Ausweisungsverfügung, auch dann, wenn sie sich nicht im Straf-, sondern im Maßregelvollzug befinden. Bei diesen Patienten steht, sobald die Maßregel erledigt oder zur Bewährung ausgesetzt ist, die Abschiebung in ihre Heimatländer an. Aus therapeutischer Sicht macht ihre Unterbringung im Maßregelvollzug meistens wenig Sinn. Sie resultiert aus der irrigen Ansicht des Gesetzgebers, dass psychische Erkrankungen ohne Berücksichtigung der sozialen Bedingungen geheilt oder gebessert werden können. Da die Lebens- und Nachbetreuungsbedingungen in den Heimatländern der Patienten kaum bekannt, aber wahrscheinlich eher nicht gut sind, kann streng genommen weder eine verlässliche Prognose über die Legalbewährung dort gestellt noch eine dauerhafte Besserung des psychischen Zustandes erreicht werden. Auf keinen Fall ist es sinnvoll, diese Patienten in Deutschland zu rehabilitieren, sodass die gesamte Rehabilitationsphase der Behandlung entfällt.

Sämtliche anderen Behandlungsschritte sind jedoch grundsätzlich möglich, bei entsprechendem Therapieerfolg und entsprechender Kooperation des Patienten auch die Verlegung auf eine offene Station und die Gewährung von Lockerungen. Gerade für solche therapiemotivierten Patienten ist es besonders hart, wenn schließlich der im Maßregelvollzug mögliche Behandlungserfolg als erreicht angesehen werden muss und damit die Aussetzung von Maßregel und Restfreiheitsstrafe zur Bewährung und mit deren Rechtskraft die Abschiebung anstehen. Man muss in dieser Situation mit einer erheblichen Verschlechterung des psychischen Zustandes der Patienten – unter Umständen auch Suizidalität oder Entweichungsgefahr – rechnen und sie besonders stützen und beobachten, vielleicht auch stärker sichern.

Ein praktisch kaum lösbares Problem ist es, wenn gemäß § 63 StGB untergebrachte Ausländer mit rechtskräftiger Ausweisungsverfügung die Behandlung oder jedenfalls eine Besserung ihres psychischen Zustandes verweigern, weil sie sich bewusst dafür entscheiden, lieber in Deutschland im Maßregelvollzug als in ihrem Heimatland zu leben.

Das Behandlungsteam

Der Umgang mit Maßregelvollzugspatienten stellt eine Reihe von Anforderungen an alle Mitarbeiterinnen und Mitarbeiter. Sie haben eine Vorbild- und Modellfunktion, was Regeleinhaltung (etwa Rauchen nur im Raucherzimmer) und den Umgang miteinander betrifft. Eine stabile therapeutische Beziehung kann sich nur entwickeln, wenn der Patient bei seinen Bezugspersonen auf eine emotional annehmende Einstellung trifft. Gleichzeitig müssen die Mitarbeiter eine kritische Distanz zum Patienten wahren, um der Gefahr einer symbiotischen Beziehungsgestaltung entgegenzuwirken.

Ebenso wichtig für die Entwicklung einer therapeutischen Beziehung ist eine konsequente Haltung. Dabei ist von besonderer Bedeutung, dass sich das behandelnde Team in seiner Einstellung einig ist und dem Patienten quasi wie eine einzige Person gegenübertritt. Die Aufgabe, einem erwachsenen Menschen eine »Nachreifung« bzw. eine Nachsozialisation zu ermöglichen oder ihn gar nachzuerziehen, kann nur durch die Verteilung auf viele gleichgesinnte Teammitglieder bewältigt werden; ein einzelner Therapeut wäre damit hoffnungslos überfordert.

GRUNDSATZ → In der therapeutischen Beziehung ist eine konsequente Haltung notwendig. Das Behandlungsteam muss in kritischen Fragen Einigkeit herstellen.

Eine besondere Schwierigkeit, der sich alle Behandlungsteams im Maßregelvollzug gegenübersehen, besteht in dem bei Patienten mit Persönlichkeitsstörungen und Vorerfahrungen im Strafvollzug gehäuft auftretenden »Austesten«, ob die gesetzten Grenzen wirklich gültig und wie belastbar und ausgeglichen die Mitarbeiter sind. Dieses Austesten birgt die Gefahr in sich, dass das Team gespalten wird. Das kann durch Halb- oder Unwahrheiten geschehen im Sinne von: »Pfleger X hat mir das gestern Abend aber anders erklärt!« Schon besteht mindestens bis zu dessen nächstem Dienstantritt eine gewisse Verunsicherung. Eine andere – oft unbewusst angewandte – Methode ist der Versuch, einzelne Teammitglieder für sich einzunehmen und auf die eigene Seite zu ziehen: »Mit Ihnen kann ich wenigstens über das Problem reden; die älteren Pfleger und Schwestern verstehen mich da alle nicht richtig.«

Das Behandlungsteam muss sich in den Sachfragen einig sein bzw. bei noch ungeklärten Fragen zunächst Einigkeit herstellen, bevor Informationen an die Patienten gegeben werden. Besonders wichtig ist, dass Neulinge im Team sich nicht auf Grund ihrer Unerfahrenheit zu nicht abgesprochenen Äußerungen hinreißen lassen. Im Team muss begründetes Vertrauen der Teammitglieder zueinander bestehen, dass sich alle an die vereinbarten Regelungen halten, damit Patienten bei ihren Austestungs- und Spaltungsversuchen unaufgeregt und angemessen begegnet werden kann. Spannungen, die durch solche Verhaltensweisen von Patienten im Behandlungsteam unweigerlich zustande kommen, müssen immer wieder offen angesprochen, ausdiskutiert und in ihrem Ursprung verstanden werden, weil sonst auch das stabilste und integrierteste Team Gefahr läuft, irgendwann unter dieser Belastung auseinander zu brechen.

Damit die Patienten beim Erproben ihrer Möglichkeiten und Grenzen, das auch ein notwendiger Zwischenschritt auf dem Weg zum angestrebten Behandlungsziel ist, auf Struktur und Verlässlichkeit stoßen, ist es wichtig, dass bereits auf kleinere Regelverstöße wie etwa das Versäumen von Therapieterminen oder unangemessene Umgangsformen gegenüber Teammitgliedern reagiert wird – zumindest durch ein offenes und klares Ansprechen des Fehlverhaltens.

Jeder Form von Drohgebärden und **Umgang mit Gewalt und Drohungen** Übergriffen muss energisch begegnet werden. Ein wichtiger Hinweis ist die meist zuerst vom Pflegepersonal geäußerte Angst vor einem bestimmten Patienten. Sie muss unbedingt ernst genommen werden, auch wenn sie vom Bezugstherapeuten noch nicht nachvollzogen werden kann. In diesem Fall ist meistens die Wahrnehmung des Pflegepersonals verlässlicher, da diese Mitarbeiterinnen und Mitarbeiter täglich viel länger mit dem Patienten zusammen sind als die Therapeuten und ihn in unterschiedlichen Situationen erleben. Abgegrenzt werden müssen allerdings Äußerungen wie: »Wenn der N. mich weiter so nervt, haue ich dem eine rein!« – sie sind eher als ein Ausdruck von »Knastmentalität« zu werten denn als wirkliche Bedrohung und therapeutisch anzugehen.

Ernst gemeinte verbale Drohungen, körperliches Drohverhalten oder die

Ausübung körperlicher Gewalt müssen umgehend zu besonderen Sicherungsmaßnahmen wie Isolierung und gegebenenfalls Fixierung führen, bei Bedarf mit Hilfe der Polizei. Dabei macht es keinen Unterschied, ob das oder die Opfer Mitarbeiter der Maßregelvollzugseinrichtung oder andere Untergebrachte sind. Männliche Mitarbeiter sind wesentlich mehr als weibliche gefährdet, Ziel eines körperlichen Angriffs zu werden. Mitarbeiterinnen haben eher sexuell getönte Übergriffe zu befürchten, die zwar häufig verbaler Natur bleiben, aber dennoch ebenfalls energisch unterbunden werden müssen. Für diesen konsequenten Umgang mit den Patienten ist jeder einzelne Mitarbeiter verantwortlich, auch wenn einzelne Maßnahmen im Nachhinein durch die Vorgesetzten abgezeichnet werden müssen.

Treten Krisensituationen auf, ist es wichtig, in der oft hektischen Atmosphäre möglichst Ruhe und Übersicht zu bewahren. Selbst in der dramatischsten Situation sind die Bruchteile von Sekunden vorhanden, die man braucht, um sich kurz zu besinnen, bevor man eine Aktivität startet.

Schaffen es die Mitarbeiter der Einrichtung nicht aus eigener Kraft oder mit Hilfe eines eventuell vorhandenen Wachdienstes, die Krisensituation zu entschärfen, kann immer die Polizei zu Hilfe gerufen werden. In Gegenden, wo der Bundesgrenzschutz stark vertreten ist, ist auch er auf Bitten der Polizei oder der Maßregelvollzugseinrichtung manchmal zur Hilfeleistung bereit, allerdings nicht verpflichtet.

Unter therapeutischen Gesichtspunkten ist es von großer Bedeutung, besondere Sicherungsmaßnahmen in möglichst wenig emotional getönter Art und Weise durchzuführen; gleichzeitig ist dies sehr schwierig, weil die Situation und die involvierten Teammitglieder oft extrem angespannt sind. Es besteht aber die Gefahr, dass der Patient die Vollziehung einer Konsequenz als Aggression von Seiten des Teams und als Unterwerfung erlebt und sich dadurch in seinem Denken in den Kategorien von Macht und Ohnmacht bestärkt fühlt. Nur wenn es gelingt, die Konsequenz möglichst sachlich als letztlich für den Patienten vorhersehbare

Folge seines Verhaltens durchzusetzen und seine Würde auch bei besonderen Sicherungsmaßnahmen zu wahren, kann er für seine Entwicklung davon profitieren. Der Patient sollte dabei spüren, dass dieses Vorgehen dem Team keinesfalls (Schaden-)Freude oder Befriedigung bereitet, sondern eher Betroffenheit und Traurigkeit. Allerdings sollte das Team nicht mit moralischer Enttäuschung reagieren.

Natürlich ist es besser, Krisensituationen erst gar nicht entstehen zu lassen. Dies geschieht vor allem dadurch, dass das gesamte Behandlungsteam die Patienten sorgfältig beobachtet und sensibel und schnell durch angemessene Maßnahmen wie Intensivierung der Betreuung, Überwachung oder Erhöhung der Medikation auf Veränderungen des psychischen Zustandes oder sich anbahnendes Fehlverhalten reagiert. Dies kann beim einzelnen Patienten eine Zuspitzung der Situation oft verhindern. Außerdem führen das Wissen und die Sicherheit, dass eine grundlegende Ordnung in der Einrichtung geschützt und gewährleistet wird, insgesamt zu einer Beruhigung der Patienten. Bei der Unterbringung in einer Entziehungsanstalt ist es besonders wichtig, dass die Einrichtung frei von Alkohol und Drogen ist, da ein großer Teil der Krisensituationen unter deren Einfluss zustande kommt. ⌐ **Drogen- und Alkoholkonsum, Seite 91**

Schutz- und Fürsorgemaßnahmen

Damit Mitarbeiter im Maßregelvollzug bei Regelverstößen und Übergriffen der untergebrachten Patienten möglichst wenig gefährdet werden, sind besondere Maßnahmen zum Schutz der Mitarbeiter erforderlich. Als technische Sicherungsmöglichkeiten haben sich am Gürtel getragene Personenschutzgeräte bewährt, die wahlweise auf Knopfdruck, bei Abreißen oder bei waagerechter Lage eine Zentrale alarmieren, wobei der Alarm auch zu lokalisieren sein muss. Für den Fall der Alarmauslösung müssen genaue Pläne existieren und muss den Mitarbeitern auch bekannt sein, wer was zu tun hat.

Die gegenseitige Absicherung spielt im Alltag eine große Rolle. Deshalb muss durch Dienstanweisungen das Verhalten in besonders gefahrenträchtigen Situationen, beispielsweise gegenüber Patienten, die besonderen Sicherungsmaßnahmen unterliegen, auch unter dem Aspekt der gegenseitigen Sicherung festgelegt werden. Jeder Mitarbeiter hat sich an diese Anweisungen zu halten, etwa bestimmte potenziell gefährliche Aufgaben nie allein zu übernehmen. Vor allem aber ist Sensibilität für den psychischen Zustand der Patienten und die Kommunikation darüber im Team von großer Bedeutung, zum Beispiel in den täglichen ausführlichen Dienstübergaben, an denen alle Mitarbeiter, nicht nur die des Pflegeteams, teilnehmen. Auch sie dienen dem eigenen Schutz, weil dadurch alle im Dienst befindlichen Teammitglieder über psychische Veränderungen bei einzelnen Patienten und sich daraus möglicherweise ergebende Risiken informiert sind.

Wer Opfer einer massiven Bedrohung oder eines Angriffs geworden ist, braucht besondere Betreuung, sei sie medizinischer, sei sie psychologischer Art. Angriffe auf Mitarbeiter gelten juristisch als Betriebsunfälle und sollten als solche der Berufsgenossenschaft gemeldet werden. Hat der Mitarbeiter Verletzungen erlitten, auch wenn sie nur geringfügig sind, sollte er sich zu deren genauer Dokumentation bei einem von der gesetzlichen Unfallversicherung autorisierten Durchgangsarzt vorstellen. Je nach Schwere des Vorfalls ist zu erwägen, ob die Maßregelvollzugseinrichtung im Rahmen ihrer Fürsorgepflicht oder der betroffene Mitarbeiter selbst Anzeige gegen den Patienten erstattet. Dabei darf man aus Gründen der Schweigepflicht keine Angaben über Krankheitsbild und Behandlungsverlauf des Patienten machen, sondern nur über den aktuellen Vorfall. War die Polizei in die Bewältigung der Gewaltproblematik involviert, leitet sie oft von sich aus ein Ermittlungsverfahren ein. Allerdings zeigt sie Erfahrung, dass Verfahren gegen im Maßregelvollzug Untergebrachte wegen dort begangener, nicht allzu schwerwiegender Gewaltdelikte sehr oft eingestellt werden, weil die dafür zu erwartende

Strafe nach Ansicht der Justiz gegenüber den bereits ausgesprochenen Rechtsfolgen der früheren Taten nicht ins Gewicht fällt.

Nicht ohne Bedeutung ist die Kleiderordnung für die Mitarbeiter im Maßregelvollzug. Da im engeren Sinne pflegerische oder »schmutzige« Arbeiten eher selten sind, ist das dauerhafte Tragen von Schutzkleidung in der Regel nicht erforderlich. Weiße Kittel u. Ä. haben dadurch im Maßregelvollzug vorwiegend die Funktion, Abstand zum Patienten zu schaffen bzw. zu demonstrieren, Zivilkleidung unterstützt eher die Bildung engerer therapeutischer Beziehungen und die Arbeit nach dem Bezugspersonenprinzip. Eine allgemein gültige Lösung für diese Frage gibt es sicher nicht, jedoch sollte darüber diskutiert und im Bewusstsein der genannten Implikationen entschieden werden.

Ein gutes Forum für die fachliche und menschliche Abstim- **Supervision** mung des Teams und die Auseinandersetzung über Reibungspunkte, für die im Alltag oft nicht genügend Zeit und Gelegenheit besteht, ist eine regelmäßig stattfindende Supervision durch einen externen Supervisor. Die Supervisionssitzungen sollten in möglichst ungestörter Umgebung stattfinden, zum Beispiel einem Besprechungszimmer außerhalb der Station, möglichst alle vierzehn Tage, mindestens aber einmal im Monat, und anderthalb bis zwei Zeitstunden dauern. Nach Möglichkeit sollten sie für alle Teammitglieder verbindlich sein und natürlich als Arbeitszeit gelten. Eine Vertretung auf der Station für diesen Zeitraum lässt sich in Kooperation mit einer anderen Station, die ja auch irgendwann Supervision hat, im Austausch organisieren. Die Kosten für die Supervision müssen von der Einrichtung getragen werden.

Der Supervisor sollte nach Möglichkeit Erfahrung im Maßregelvollzug haben und unbedingt von außerhalb in die Einrichtung kommen, damit nicht irgendwelche dienstlichen Abhängigkeiten das ehrliche Gespräch erschweren. Aus diesem Grund muss auch sorgfältig geprüft werden, ob Vorgesetzte wie der Oberarzt oder die Pflegebereichsleiterin an der Supervision teilnehmen. Letztlich kann diese Frage nur jedes einzelne Team anhand seiner Beziehungen zu seinen Vorgesetzten entscheiden. Es sind auch Lösungen dahingehend denkbar, dass Vorgesetzte auf Einladung des Teams an den Sitzungen teilnehmen, wenn sie in das besprochene Problem involviert sind. Dagegen sollte klar sein, dass zum Team alle gerechnet werden, die auf der Station mit den Patienten arbeiten, also Pflegepersonal, Ärzte, Psychologen, Sozialarbeiter, Ergotherapeuten, Lehrer usw. Es versteht sich von selbst, dass die Supervision getrennt nach einzelnen Stationsteams erfolgen muss und eine Zusammenlegung von Teams für die Supervision nicht sinnvoll sein kann.

Grundsätzlich kann man zwischen teambezogener und fallbezogener Supervision unterscheiden, jedoch können keine Teamprobleme ohne Bezugnahme auf bestimmte Patienten geklärt und keine Fälle besprochen werden, ohne dabei auf die daraus resultierenden Teamprobleme zu kommen.

Burn-out-Syndrom

Die Arbeit im Maßregelvollzug verlangt viel fachliches Können, Engagement, Kreativität und persönliche Stabilität von jedem Mitarbeiter. Im Verlauf jahrelanger Tätigkeit kommt es nicht selten vor, dass einen vorübergehend die Lust und die Kraft zur Arbeit verlassen und sich das so genannte Burn-out-Syndrom einstellt. Die wichtigste Vorbeugungs- wie Gegenmaßnahme ist das offene Gespräch mit den anderen Teammitgliedern über die eigenen Schwierigkeiten, sei es in der Supervision, sei es auf informeller Ebene, etwa bei der täglichen gemeinsamen Kaffeerunde. Diese Besprechungen haben eine wichtige psychohygienische Funktion und sind keinesfalls eine Zeitverschwendung. Sie sollten deshalb unbedingt allen Berufsgruppen offen stehen und zumindest gelegentlich auch von jedem besucht werden.

Dem Burn-out-Syndrom wirkt auch entgegen, wenn man nach Dienstschluss möglichst »den Maßregelvollzug in der Maßregelvollzugseinrichtung lässt« und seine Freizeit sinnvoll und angenehm mit anderen

Inhalten füllt. Um nicht im Alltagstrott aufgerieben zu werden, sollte man sich ab und zu von Fachliteratur zu neuen Gedanken anregen lassen, durchaus auch während der Arbeitszeit, wenn die Möglichkeit dazu besteht, zum Beispiel während des Nacht- oder Wochenenddienstes.

Ganz wichtig ist für alle Berufsgruppen die Teilnahme an Tagungen und Fortbildungsveranstaltungen, vor allem an solchen, bei denen man Mitarbeiter anderer Maßregelvollzugseinrichtungen trifft. Im Erfahrungsaustausch mit ihnen erhält man neue Anregungen – oder auch die nicht unwichtige Erkenntnis, dass anderswo auch nur mit Wasser gekocht wird. Beides belebt die eigene Arbeit bzw. wertet sie auf.

Gelegentlich sollte man sich auch Gedanken über den Anspruch machen, mit dem man an seine Tätigkeit im Maßregelvollzug herangeht. Wer von sich selbst erwartet, dass er aus allen untergebrachten psychisch kranken oder suchtkranken Straftätern gesunde, unauffällige, leistungsfähige Mitglieder der Gesellschaft macht, wird wesentlich mehr Enttäuschungen als Erfolge erleben und ist infolgedessen prädestiniert für das Burn-out-Syndrom. Für viele der im Maßregelvollzug untergebrachten Patienten, die bis zum Zeitpunkt ihrer Einweisung meist kein gutes Leben hatten, bedeuten auch kleinere Fortschritte wie die Verringerung des Misstrauens gegenüber anderen Menschen, eine längere Phase der Abstinenz oder die soziale Eingliederung in ein Heim einen wesentlichen Gewinn an Lebensqualität. Unter dem Aspekt der Legalbewährung ist auch eine Verringerung der Frequenz oder der Schwere der Straftaten ein Erfolg. Dies darf man nicht übersehen und sollte es durchaus auch für sich selbst als Erfolg verbuchen.

Enge Beziehungen zwischen Mitarbeitern und Patienten

Gelegentlich entwickeln sich vor allem zwischen meist jüngeren Mitarbeiterinnen im Maßregelvollzug und Patienten vor allem mit Persönlichkeitsstörungen oder Suchterkrankungen mehr oder weniger intensive Liebesbeziehungen. Die Verantwortung dafür liegt immer bei der Mitarbeiterin, die es nicht geschafft hat, die notwendige professionelle Distanz zum Patienten zu halten bzw. nicht offen mit einer Vertrauensperson darüber gesprochen hat, dass sie in diesem Punkt bei einem bestimmten Patienten Schwierigkeiten hatte. Durch Verbote ist solchen Beziehungen nicht beizukommen. Meist betonen beide Beteiligten, dass sie sich lieben, und gelegentlich kommt es sogar zu Eheschließungen. Oft verlaufen die Beziehungen aber auch nach einigen wechselseitigen Enttäuschungen im Sand.

Die involvierte Mitarbeiterin sollte möglichst nicht weiter im Maßregelvollzug arbeiten, solange die Beziehung besteht, auf keinen Fall aber auf der Station, auf der ihr Freund lebt. Die Gefahr ist zu groß, dass durch diesen Kontakt Interna aus dem Team zu den Patienten durchsickern oder dass sich die Mitarbeiterin zu stark mit den Patienten identifiziert – beides kann die Ursache für Spaltungsprozesse im Team werden. Auch bestünde eine erhöhte Gefahr, dass der Patient durch Ausnutzung der persönlichen Beziehung an Schlüssel oder Medikamente gelangt. Sollte nach Beendigung der Beziehung wieder eine Beschäftigung der Mitarbeiterin im Maßregelvollzug bzw. auf der alten Station ins Auge gefasst werden, was wegen Personalmangels öfter vorkommen wird, muss zuvor ihre grundsätzliche Einstellung und Eignung sorgfältig geprüft werden. Erwähnt sei, dass Beziehungen zwischen Mitarbeitern und Patientinnen wegen deren geringen Anzahl zwar seltener, aber keinesfalls ausgeschlossen sind und eher den Tatbestand des sexuellen Missbrauchs unter Ausnutzung der eigenen Stellung nach § 174a oder § 174b StGB erfüllen.

Weniger dramatisch ist es, wenn ein Mitarbeiter sich besonders für einen bestimmten Patienten verantwortlich fühlt und ihn zum Beispiel einlädt, ihn während seines Ausgangs zu Hause zu besuchen. Grundsätzlich handelt es sich auch bei einem solchen Verhalten um eine Grenzverletzung zwischen Mitarbeiter und Patient, jedoch lässt sich wegen der geringeren gefühlsmäßigen Involviertheit beider Seiten in einem solchen Fall meist leichter eine Lösung der Problematik finden.

Dienstaufsichtsbeschwerde oder Anzeige

Gelegentlich erstatten Patienten, die sich falsch oder ungerecht behandelt fühlen, gegen einen Mitarbeiter der Maßregelvollzugseinrichtung Dienstaufsichtsbeschwerde oder Anzeige. Im Falle der Dienstaufsichtsbeschwerde fordert der Träger der Einrichtung zunächst einen Bericht vom betroffenen Mitarbeiter und meist auch von dessen Vorgesetzten an. Ergeben sich daraus Hinweise auf ein Fehlverhalten des Mitarbeiters, folgen weitere Untersuchungen und gegebenenfalls dienstrechtliche Konsequenzen. Ergeben sich keine Hinweise auf ein Fehlverhalten, teilt der Träger dies dem Patienten schriftlich mit, und die Angelegenheit ist erledigt.

Ähnlich ist das Procedere im Fall einer Anzeige. Sie löst ein Ermittlungsverfahren aus, das regelmäßig eingestellt wird, wenn sich keine Hinweise auf ein strafbares Verhalten des angezeigten Mitarbeiters ergeben. Sollte jedoch ein ausreichender Tatverdacht bestehen, kann es zu einer Weiterführung des Verfahrens bis hin zu einer Verurteilung kommen.

Relativ häufig kommt es vor, dass Patienten aus Ärger über ihnen nicht einsichtige Entscheidungen Mitarbeitern mit Anzeige oder Beschwerden drohen. Dadurch darf man sich keinesfalls beeindrucken lassen. Meist setzt der Patient, wenn sich seine Verärgerung gelegt hat, seine Androhung nicht in die Tat um. Im Übrigen kann man sicher sein, dass man keine negativen Konsequenzen befürchten muss, wenn man sich korrekt und sachgerecht verhalten hat.

Die Behandlung im Maßregelvollzug

Allgemeine Grundsätze

Grundsätzlich hat der Maßregelvollzug die Aufgabe der Besserung und Sicherung. Beide Aufgaben, auch die der Sicherung, werden in erster Linie durch eine gute therapeutische Beziehung, die Einbindung des Patienten in die Behandlung und eine Verbesserung seines psychischen Zustandes zu erreichen versucht. Erst in zweiter Linie wird die Sicherung durch äußere Sicherungsmaßnahmen gewährleistet.

Gesetzlich sind die Behandlungsziele im Maßregelvollzug durch die § 136 und § 137 StVollzG festgelegt. Danach gilt für die Unterbringung in einem psychiatrischen Krankenhaus, dass der Untergebrachte geheilt oder sein Zustand so weit gebessert werden soll, dass er nicht mehr gefährlich ist. Durch die Unterbringung in einer Entziehungsanstalt soll erreicht werden, dass der Untergebrachte von seinem Hang geheilt und die zu Grunde liegende Fehlhaltung behoben wird.

Die Maßregelvollzugseinrichtungen, die sich durchweg als Krankenhäuser betrachten, formulieren ihre Behandlungsziele natürlich stärker aus therapeutischem Blickwinkel. So würde die therapeutische Zielsetzung bei der Unterbringung gemäß § 63 StGB etwa lauten, dass die psychische Erkrankung oder Störung so weit wie möglich gebessert werden soll, dass der Untergebrachte aber auch lernt, mit seiner Erkrankung oder Störung umzugehen und trotzdem ein sozial eingegliedertes, subjektiv befriedigendes und straftatenfreies Leben führen kann. Für die Unterbringung gemäß § 64 StGB wäre das Behandlungsziel zufriedene Abstinenz, soziale Eingliederung und ein Leben ohne Straftaten.

Zur Erreichung dieser Behandlungsziele stehen im Maßregelvollzug grundsätzlich dieselben Behandlungsmöglichkeiten zur Verfügung wie in der Psychiatrie allgemein, nämlich:

❑ Pharmakotherapie,

❑ Psychotherapie und

❑ Soziotherapie.

Die Kenntnis von speziellen Behandlungsansätzen für Patienten mit Persönlichkeitsstörungen, siehe etwa M. LINEHAN (1996), ist dringend zu empfehlen.

Die medikamentöse Behandlung mit Psychopharmaka **Pharmakotherapie** spielt vor allen Dingen bei Patienten mit psychotischen oder affektiven Erkrankungen eine Rolle. Hier ist sie eine wichtige, wenn auch nicht die alleinige Maßnahme und ermöglicht oft erst flankierend, andere Behandlungsformen einzusetzen. Schwachsinn und Persönlichkeitsstörungen als solche sind einer medikamentösen Behandlung nicht zugänglich. Es kann aber sinnvoll sein, bestimmte Symptome wie erhöhte Erregbarkeit oder Anspannung medikamentös zu dämpfen, sodass der Patient eher die Chance hat, sich zu kontrollieren, und dadurch zugänglicher wird für weitere therapeutische Schritte. Bei Sexualstraftätern kann eine Triebdämpfung durch Hormongaben (Handelsname: Androcur) einen ähnlichen Effekt haben.

Im Maßregelvollzug gemäß § 64 StGB spielt die medikamentöse Behandlung eine sehr geringe Rolle, da die suchtkranken Patienten in den meisten Fällen ja gerade lernen müssen, ohne die Unterstützung irgendeiner psychotropen, d. h. auf die Psyche wirkenden Substanz zu leben. Bei Patienten, die unter sehr starkem »Saufdruck« leiden, kann dieser durch eine relativ neu entwickelte Substanz (Handelsname: Campral) zu dämpfen versucht werden, während die früher häufige Aversionsbehandlung mit einer Substanz, die in Kombination mit Alkohol schwere Unverträglichkeitsreaktionen hervorruft (Handelsname: Antabus), heute kaum noch praktiziert wird.

Psychotherapeutische Einzel- und Gruppengespräche spie- **Psychotherapie** len für fast jeden im Maßregelvollzug untergebrachten Patienten eine wichtige Rolle. Vor allem die Einzelgespräche sind bei den Patienten fast immer sehr beliebt, weil sie dort die volle Aufmerksamkeit des Therapeuten haben und den Ablauf des Gesprächs stark selbst bestimmen können. Auf Grund des oft vorhandenen Misstrauens gegen andere Menschen und der Unfähigkeit, ihnen gegenüber eigene Schwächen zu zeigen und Probleme einzugestehen, fallen den Patienten zumindest über einen langen Zeitraum die Gruppengespräche wesentlich schwerer. Ein Teil der Patienten ist zu Beginn der Behandlung überhaupt nicht gruppenfähig, profitiert also nicht von Gesprächen in der Gruppe oder stört diese sogar.

Da viele Patienten im Maßregelvollzug von ihrer intellektuellen Begabung her an der unteren Grenze des Normbereichs liegen und über eher wenig Introspektionsfähigkeit und Fähigkeit, über sich selbst zu sprechen, verfügen, müssen die psychotherapeutischen Maßnahmen diesen Voraussetzungen angepasst werden. Bei vielen Patienten sind die Gespräche eher begleitend und stützend. Die Motivationsarbeit spielt eine große Rolle. Nach Möglichkeit sollten jedoch eine Analyse des bisherigen regelwidrigen Verhaltens und der Gründe dafür sowie die Entwicklung neuer Verhaltensstrategien stattfinden, wenn auch eventuell auf einfachem Niveau.

Dies gilt auch für Sexualstraftäter. Bei allen Patienten sollten die Gründe für das normabweichende sexuelle Verhalten erarbeitet und verstanden werden. Danach müssen Therapeut und Patient gemeinsam prüfen, ob es für den Patienten befriedigende Alternativen gibt, wobei oft viel Aufklärung von Seiten des Therapeuten über Sexualität und die damit verbundenen Wertsetzungen nötig ist. Dann kann versucht werden, den Patienten durch intensive Vorstellung an diese Alternativen zu gewöhnen. Dass es sich aus vielerlei Gründen verbietet, sexuelle Verhaltensalternativen wie andere neu erarbeitete Verhaltenssequenzen in der Praxis einzuüben, ist sicher einer der Gründe für das Scheitern von Sexualtherapien. Bei Patienten, bei denen nicht veränderbare sexuelle Normabweichungen wie etwa Pädophilien vorliegen, kann das Behandlungsziel nur sein, ohne praktizierte Sexualität ein dennoch möglichst befriedigendes Leben zu führen.

In Gruppen nach einem festen Programm durchgeführte Therapiemaßnahmen wie Anti-Aggressions-Training, Selbstbehauptungstraining oder Training sozialer Kompetenzen markieren den Übergang von der Psycho- zur Soziotherapie. Dasselbe gilt für kunst-, musik-, bewegungs- und sporttherapeutische Maßnahmen.

Die Soziotherapie kann mit Fug und Recht als die wichtigs- **Soziotherapie** te Säule der Behandlung im Maßregelvollzug bezeichnet werden. Dazu gehört zunächst einmal der bereits geschilderte offene und klare Umgang des gesamten Behandlungsteams mit den Patienten mit häufigen Rückmeldungen über die Wirkung ihres Verhaltens auf andere sowie umgehenden Reaktionen auf Fehlverhalten. Große Bedeutung hat die Tagesstrukturierung mit festgelegten Zeiten für Wecken, Mahlzeiten sowie Mittags- und Nachtruhe. Dabei hilft die Beschäftigungs- und Arbeitstherapie mit ihren vielfältigen Aufgabengebieten und Möglichkeiten, die eine gewisse Normalität im Tagesablauf garantiert. Zu einem späteren Zeitpunkt der Behandlung gewinnt die Arbeitstherapie bei einem Teil der Patienten und für eine gewisse Zeit auch den Charakter einer Arbeitserprobung und eines Arbeitstrainings.

Zur Soziotherapie gehören auch gemeinsame Freizeitaktivitäten (bis hin zu therapeutischen Freizeiten) und die Anleitung zu sinnvoller eigener Freizeitgestaltung. Von großer Bedeutung ist der Bereich von Information und Lernen, was konkret in Informationsgruppen etwa über Sucht, gesunde Ernährung, Sexualität, Zuständigkeiten von Ämtern und ähnliche Themen geschehen kann, aber auch durch regelrechte Beschulung (Lesen und Schreiben, Rechnen, Grundkenntnisse am Computer etc.). Das Üben lebenspraktischer Fertigkeiten wie beispielsweise Waschen und Kochen gehört ebenfalls zur Soziotherapie.

Insgesamt handelt es sich dabei um den Versuch, den Patienten ein Allgemeinwissen zu vermitteln, das sie in ihrem bisherigen Leben nicht erwerben konnten, sie zugleich mit Alternativen zu ihrem bisherigen Lebensstil bekannt zu machen und einen neuen individuellen Lebensstil aufzubauen und einzuüben. Die konkreten Maßnahmen müssen sich möglichst genau an den Defiziten der einzelnen Patienten orientieren. Im weiteren Sinne gehört zur Soziotherapie auch das »Ordnen« der sozialen Verhältnisse eines Patienten, meist mit Unterstützung des Sozialdienstes, etwa das Beantragen oder aktive Betreiben eines Scheidungsprozesses bei einer de facto schon seit vielen Jahren nicht mehr bestehenden Beziehung, die Schuldenregulierung mit dem Beginn kleiner Abzahlungen oder der (zinslosen) Stundung von Gerichtskosten oder der Umwandlung von Geldstrafen in gemeinnützige Arbeit, die oft in der Maßregelvollzugseinrichtung abgeleistet werden kann.

Die Psychisch-Kranken-Gesetze bzw. die Maßregelvollzugsgesetze fast aller Bundesländer sehen vor, dass die Behandlung der einzelnen Patienten im Maßregelvollzug nach einem *Behandlungsplan* ablaufen soll. Der erste Behandlungsplan wird nach etwa sechs Wochen Unterbringung formuliert; alle drei bis spätestens sechs Monate muss eine Fortschreibung erfolgen. Das bedeutet, dass ein Behandlungsplan kein Jahrhundertwerk sein muss und darf, sondern sehr konkret einen Überblick über die derzeit wichtigen Themenbereiche in der Behandlung, die aktuell deutlich gewordenen Defizite, aber auch die vorhandenen Fähigkeiten und Stärken des Patienten enthalten muss. Daraus werden dann die Teilziele abgeleitet, die während der Geltungsdauer des Behandlungsplans angegangen werden sollen, sowie sehr handlungsnah die Maßnahmen und Schritte, die zu diesen Zielen führen sollen. Meist erstellt das Pflegepersonal eine separate Pflegeplanung, in der die Defizite des Patienten bei Körperhygiene, Einhaltung des Tagesablaufs u. Ä. sowie die Maßnahmen zur Bekämpfung dieser Defizite aufgelistet sind. Behandlungs- und Pflegeplanung dürfen sich auf gar keinen Fall widersprechen. Idealerweise ist die Pflegeplanung ein lediglich der Praktikabilität halber aus der Behandlungsplanung herausgelöster Teilabschnitt. Es

Behandlungsplan

ist unbedingt zu empfehlen, den Behandlungsplan zusammen mit dem Patienten aufzustellen und ihn sowohl durch den Patienten als auch durch einen oder mehrere Vertreter des therapeutischen Teams unterschreiben zu lassen, um die Verbindlichkeit für beide Seiten zu dokumentieren. ◥ **Behandlungsdokumentation, Seite 95**

Neben der für den Maßregelvollzug spezifischen Behandlung kann es natürlich vorkommen, dass so genannte interkurrente Erkrankungen wie Verletzungen oder internistische Erkrankungen zu behandeln sind. Auch Zahnsanierungen oder Vorsorgeuntersuchungen können anfallen. Da die in der Maßregelvollzugseinrichtung arbeitenden Ärzte meist Psychiater bzw. Neurologen sind, wird in diesen Fällen die Hilfe anderer Fachärzte benötigt. Dabei können ambulante Vorstellungen oder auch stationäre Behandlungen eines Patienten notwendig werden. Wenn kein anderer Kostenträger vorhanden ist, muss die Maßregelvollzugseinrichtung selbst die Kosten übernehmen. Bei einer längeren stationären Behandlung kann es bei einem weniger gefährlichen Patienten auch ein Weg sein, eine Unterbrechung des Maßregelvollzugs durch die Staatsanwaltschaft zu erwirken; dann müssen die Kosten vom Sozialhilfeträger übernommen werden.

Gelöst werden muss das Problem der Sicherung des Patienten während der notwendigen Ausführungen zu Fachärzten oder während des Aufenthalts in einem Allgemein- oder Fachkrankenhaus. Die erforderlichen Maßnahmen richten sich nach der eingeschätzten Gefährlichkeit des Patienten und können von der Begleitung durch einen Krankenpfleger über eine Vorführung beim Facharzt durch die Polizei, eine Sitzwache durch das Pflegepersonal der Maßregelvollzugseinrichtung bis hin zur Bewachung durch Polizeibeamte im Krankenhaus reichen. Die Justizvollzugskrankenhäuser, die es in allen Bundesländern gibt, sind streng genommen für die Behandlung von Häftlingen mit schwereren Erkrankungen, nicht aber für Untergebrachte aus dem Maßregelvollzug zuständig, nehmen diese aber gelegentlich doch auf.

Grundsätzlich gilt, dass jeder Untergebrachte Anspruch auf die notwendige medizinische Behandlung hat. Bei ernster Gefährdung von Gesundheit oder gar Leben des Untergebrachten durch eine interkurrente Erkrankung muss auch angesichts von erheblichen Sicherheitsrisiken *sofort* eine Behandlung realisiert werden. Manche medizinischen Maßnahmen dulden jedoch auch einen gewissen Aufschub, etwa bis zum Erreichen der ersten Lockerungen, oder zunächst den Versuch einer »hausärztlichen« Behandlung in der Einrichtung. ⌐ **Lockerungen, Seite 98**

Krisensituationen

Alkohol- oder Drogenkonsum im Maßregelvollzug

Das Problem des Alkohol- und Drogenkonsums ist am besten durch Vorbeugung in den Griff zu bekommen. Diese besteht in häufigen Kontrollen mit einem Atemalkoholtestgerät und häufigen Drogenscreenings, also Drogensuchtests in Urinproben. Naturgemäß spielen diese Kontrollen bei gemäß § 64 StGB untergebrachten Patienten eine größere Rolle als bei gemäß § 63 StGB untergebrachten, sind aber auch bei diesen nicht überflüssig. Je mehr die Patienten noch am Beginn der Therapie stehen und je unsicherer sie in ihrer Abstinenz eingeschätzt werden, desto häufiger müssen solche Kontrollen erfolgen, bis hin zu einer Frequenz von mehreren Atemalkoholtests am Tag und Drogenscreenings alle zwei bis drei Tage. Dennoch sollten sie möglichst nicht in einem für die Patienten erkennbaren Rhythmus durchgeführt werden. Da besonders drogenabhängige Patienten zu ausgeklügelten Täuschungsmanövern zur Verschleierung ihres Suchtmittelkonsums neigen, muss durch genaue Beobachtung der Urinabgabe sichergestellt werden, dass wirklich der eigene Urin der Patienten untersucht wird. In späteren Therapiephasen werden die beschriebenen Kontrollen zunehmend seltener, da aus therapeutischen Gründen die Verantwortung für die Abstinenzeinhaltung allmählich auf die Patienten selbst übergehen muss.

Als weitere Maßnahme müssen neben den Überprüfungen der einzelnen Patienten Bemühungen stehen, die Einrichtung überhaupt alkohol- und drogenfrei zu halten. Dazu sind entsprechende Kontrollen der Besucher notwendig, für die alle Psychisch-Kranken- bzw. Maßregelvollzugsgesetze eine juristische Grundlage bieten. Da Drogen sehr viel leichter einzuschmuggeln sind als Alkohol, können die diesbezüglichen Kontrollen bis hin zu einer Leibesvisitation gehen. Eventuell ist auch eine Überwachung des Besuchs oder die Trennung von Besucher und besuchtem Patient durch eine Trennscheibe angezeigt. ⌐ **Recht auf Besuch, Seite 113**

Übrigens machen sich Besucher nach § 323 b StGB durch das Einschmuggeln von Alkohol oder Drogen in eine Entziehungsanstalt strafbar. Man sollte sie zum Beispiel durch ein Merkblatt über diese gesetzliche Regelung aufklären und bei böswilligen Verstößen dagegen nicht vor einer Anzeige zurückschrecken. Damit Alkohol nicht selbst angesetzt werden kann, sind regelmäßige Kontrollen der Räumlichkeiten der Station nötig, besonders häufig vor Tagen wie Weihnachten oder Silvester. Zum Herstellen von Alkohol durch Vergären, das etwa zwei bis vier Tage dauert, eignen sich vor allem Brot, Obst oder Marmelade, mit Wasser oder Saft und evtl. Hefe angesetzt. Verdächtig sind alle größeren Gefäße mit derartigem Inhalt und Hefepackungen aller Art.

Ist ein Alkohol- oder Drogenrückfall auf der Station geschehen, in den dann meist mehrere Patienten involviert sind, sollten diese zur Ausnüchterung und Entgiftung unbedingt abgesondert werden, unabhängig davon, ob sie sich angepasst oder auffällig verhalten.

Dasselbe gilt für Patienten, die von Lockerungen oder Entweichungen alkoholisiert oder unter Drogeneinfluss stehend zurückkehren oder zurückgebracht werden.

Sonderprobleme: Geiselnahme, Feuer, Bombendrohung

Wirklich durchgeplante Geiselnahmen sind im Maßregelvollzug bisher selten. Der Umgang damit gehört unbedingt unter die Führung speziell dafür ausgebildeter Einsatzkommandos der Polizei, ohne dass sich dabei die Mitarbeiter aus dem Maßregelvollzug völlig zurückziehen dürfen. Da auf Grund der in der letzten Zeit massiv verstärkten Sicherung der Maßregelvollzugseinrichtungen nach außen offenbar die Gefahr eines Anstiegs der Zahl der Geiselnahmen gesehen wird, arbeiten derzeit in vielen Bundesländern die Träger an Dienstanweisungen oder bieten Fortbildungen für Mitarbeiter im Maßregelvollzug an, um sie zu den richtigen ersten Reaktionen im Fall einer Geiselnahme zu befähigen.

Wenn auf einer Station der Maßregelvollzugseinrichtung ein Feuer ausbricht, eine telefonische Bombendrohung eingeht oder eine ähnliche Gefahr auftritt, sind als Erstes Feuerwehr und Polizei zu alarmieren, wobei eine knappe Schilderung der Problematik wichtig ist. Gleichzeitig ist mit der Evakuierung aller unmittelbar gefährdeten Patienten zu beginnen. Dafür gibt es in allen Einrichtungen Pläne, die jeder Mitarbeiter kennen muss und die durch regelmäßige Belehrungen immer wieder ins Gedächtnis gerufen werden müssen. Über die weiteren Maßnahmen entscheiden dann Polizei und Feuerwehr, die meist schnell vor Ort sind. Die Polizei übernimmt auch eventuelle Bewachungsaufgaben oder notfalls die Verlegung von Patienten in andere Einrichtungen. Außer in den wenigen Fällen, in denen ein Patient selbst gezielt Feuer legt, zum Beispiel im Rahmen eines Fluchtplans, sind die Patienten meistens ebenso aufgeregt wie die Mitarbeiter und in der Regel kooperativ.

Bei größeren Bränden ist daran zu denken, nach Möglichkeit die Krankengeschichten mit der Behandlungsdokumentation sicherzustellen. Nach Löschen des Brandes bzw. Durchsuchung des Hauses leitet die Polizei Ermittlungen über die Entstehung des Feuers oder die Herkunft des Drohanrufs ein. Wenn Mitarbeiter der Maßregelvollzugseinrichtung als Zeugen vernommen werden sollen, ist an die Einholung einer Aussagegenehmigung des Trägers zu denken, zumindest telefonisch, wenn die Sache eilig ist. Unabhängig davon ist ein solches besonderes Vorkommnis selbstverständlich sofort dem Träger zu melden.

Suizidalität

Suizidalität kommt im Maßregelvollzug ebenso vor wie in der Psychiatrie allgemein, und es ist auch genauso damit umzugehen wie dort. Als suizidal eingeschätzte Patienten müssen besonders betreut werden, und dies ist zu dokumentieren. Falls ein Suizidversuch vorgekommen ist, muss der Patient angemessen behandelt werden. Allerdings darf man auch dabei den Sicherungsaspekt nicht aus dem Auge verlieren, wenn eine Verlegung in ein Allgemein- oder Fachkrankenhaus erforderlich ist. Wichtig ist in jedem Fall das Gespräch über das Vorgefallene mit der Patientengruppe, in der der Patient gelebt hat, um die bessere Verarbeitung des Ereignisses zu ermöglichen und eventuellen Nachahmungsversuchen vorzubeugen. Gegebenenfalls sind Gespräche mit den Angehörigen notwendig sowie mit den involvierten Mitarbeitern.

Tod eines Patienten

Auch im Maßregelvollzug kommen hin und wieder Todesfälle vor, sei es in der Einrichtung selbst, sei es in einem auswärtigen Krankenhaus, in das der kranke Patient verlegt worden war. Falls der verstorbene Patient Angehörige hat, verständigt man diese und spricht mit ihnen ab, wer die notwendigen Formalitäten erledigt und die Bestattung organisiert. Sind keine Angehörigen bekannt oder verweigern sie sich, obliegen diese Aufgaben der Maßregelvollzugseinrichtung. Sie muss auch die Kosten für eine einfache Beerdigung übernehmen, wenn kein anderer Kostenträger und keine Geldmittel wie angesparte Rente vorhanden sind. Alle Stellen, die üblicherweise eine Entlassmitteilung erhalten, werden über den Tod des Patienten informiert, wobei bezüglich der Mitteilung von Einzelheiten die Einhaltung der Schweigepflicht zu beachten ist.

Wichtig ist, über den Tod mit den Patienten zu sprechen, die mit dem Verstorbenen auf einer Station zusammengelebt haben oder eine engere Beziehung zu ihm hatten. Falls die Beerdigung nicht allzu weit entfernt stattfindet, ist es sicher eine schöne Geste, wenn ein oder mehrere Mitarbeiter der Einrichtung daran teilnehmen. Gegebenenfalls kann man auch therapeutisch entsprechend fortgeschrittenen Patienten anbieten mitzukommen.

Die Dokumentation der Behandlung

Praktisch ebenso wichtig wie die Behandlung der Patienten ist die Dokumentation dieser Behandlung. Sie darf auf gar keinen Fall auch nur zeitlich hinausgeschoben werden, weil angeblich die »eigentliche« Aufgabe der Behandlung Vorrang hat.

Erstens ist die Dokumentation eine gesetzlich festgeschriebene Pflichtaufgabe.

Zweitens ist sie unbedingt notwendig, damit es möglich ist, sich über die meist langen Unterbringungszeiten hinweg und trotz Stations- und Therapeutenwechsel einen Überblick auch über Details der Behandlung und die Entwicklung eines Patienten verschaffen zu können. Dieser Überblick ist unter anderem für die regelmäßigen Stellungnahmen für Staatsanwaltschaft und Strafvollstreckungskammer, vor allem aber für die Entlassungsprognose und die Epikrise nötig.

Drittens dient die Dokumentation bei besonderen Vorkommnissen wie Suizid oder Entweichung und neuer Straftat als Nachweis, ob die Maßregelvollzugseinrichtung ihrer Sorgfaltspflicht in ausreichendem Maße nachgekommen ist. Die Dokumentation unterteilt sich in Behandlungs- und Pflegedokumentation; außerdem führen meist Sozialdienste, Ergotherapeuten, Lehrer und andere Berufsgruppen Handakten über die einzelnen von ihnen betreuten Patienten. In der Verwaltung gibt es zudem eine Personal- oder Verwaltungsakte über jeden Patienten.

MERKE → **Die Dokumentation ist nicht nur eine gesetzliche Pflicht. Sie ermöglicht einen Überblick über die Entwicklung des Patienten und über besondere Vorkommnisse. Sie ist regelmäßig zu führen.**

Alle Dokumentationen werden spätestens bei der Entlassung des Patienten in der Krankenakte zusammengefasst und in ihr archiviert. Die Aufbewahrung der Krankenakte ist für 30 Jahre vorgeschrieben; die Modalitäten und der Zugang zu den archivierten Krankenakten werden durch Archivordnungen geregelt, die sich die Maßregelvollzugseinrichtungen geben. Derzeit geht der Trend hin zur elektronischen Krankenakte, bei der durch Vernetzung und elektronische Kommunikation aller mit einem Patienten befassten Stellen innerhalb der Einrichtung die Daten elektronisch gespeichert werden und Papier praktisch überflüssig wird. Bisher ist diese Zielsetzung aber höchstens in ersten Ansätzen verwirklicht; die Realisierung wird noch viele Jahre in Anspruch nehmen. Im Maßregelvollzug wird sie sich zudem nicht vollständig verwirklichen lassen, weil beispielsweise die Ausfertigungen von Urteilen und Beschlüssen in schriftlicher Form aufbewahrt werden müssen.

Inhaltlich ist von der Pflege- und Behandlungsdokumentation vor allem zu fordern, dass sie konkret und aussagekräftig ist und regelmäßige Einträge enthält. Wie oft das ist, richtet sich danach, ob ein Patient gerade Probleme bereitet, ob intensive Behandlungsmaßnahmen laufen und entsprechend viele Veränderungen zu beobachten sind oder ob er sich gerade in einer Phase der Stabilität befindet, in der nur noch eine langsame Entwicklung abläuft. Wichtige Ereignisse sind grundsätzlich *umgehend*, notfalls handschriftlich, zu dokumentieren, ansonsten kann die Häufigkeit von Eintragungen zwischen mehreren in der Woche und einem innerhalb von etwa vierzehn Tagen schwanken. Dokumentiert werden:

- alle Besonderheiten,
- in regelmäßigen Abständen die kontinuierlich ablaufende Entwicklung,
- Verhaltensänderungen vor dem Hintergrund des Behandlungsplans,
- Begründungen und Überlegungen zu bestimmten Behandlungsmaßnahmen oder dem Procedere allgemein sowie
- prognostische Überlegungen.

Auch die Entscheidungswege, die zur Gewährung oder Rücknahme bestimmter Lockerungen führen, müssen stets nachvollziehbar dokumentiert werden.

Wie jeder Patient, der in einem Krankenhaus behandelt **Recht auf Einsicht** wird, haben auch Patienten im Maßregelvollzug ein Recht auf Einsicht in ihre Krankenakte. Für die Psychiatrie allgemein gilt dabei die Einschränkung, dass nur objektive Befunde, nicht aber subjektive Beurteilungen vorgelegt werden müssen und dass die Akteneinsicht insgesamt verweigert werden kann, wenn dadurch eine gravierende Verschlechterung der psychischen Erkrankung zu befürchten ist. Soweit die Akteneinsicht für Patienten im Maßregelvollzug nicht durch die Maßregelvollzugs- oder Psychisch-Kranken-Gesetze der einzelnen Bundesländer geregelt ist, orientiert man sich an dieser Regelung für die Psychiatrie. Wo sich besondere gesetzliche Bestimmungen für die Akteneinsicht durch Patienten im Maßregelvollzug finden, geht die Tendenz eher dahin, ihnen unbeschränkte Einsicht zu gewähren, teilweise nach vorheriger Warnung, dass die Kenntnis von Details der Akten ihren psychischen Zustand beeinträchtigen könne. Von der Einsicht ausgenommen sind aber in jedem Fall Dokumente Dritter, also zum Beispiel Briefe von Angehörigen oder auch Arztbriefe über frühere Behandlungen.

Die Gewährung von Akteneinsicht kann auf keinen Fall so aussehen, dass man dem Patienten einfach seine Krankengeschichte zum beliebigen Blättern in die Hand drückt. Empfehlenswert ist, dass der Bezugstherapeut dem Patienten den Aufbau der Krankenakte erläutert und ihn fragt, was an Unterlagen ihn interessiert. Diese werden dann gemeinsam eingesehen und durchgesprochen. Der inhaltlichen Auseinandersetzung mit dem Patienten, zu der es am ehesten über die Verlaufsdokumentation kommen wird, muss man sich stellen; dies fällt umso leichter, je sachlicher und fachlich fundierter der Behandlungsverlauf dokumentiert ist.

Lockerungen

Allgemeine Überlegungen

Unter einer Lockerung versteht man jeden Entwicklungsschritt von dem Freiheitsentzug und der Sicherung, die am Anfang jeder Unterbringung im psychiatrischen Krankenhaus oder in einer Entziehungsanstalt stehen, hin zu mehr Freizügigkeit und Eigenverantwortung. Für den untergebrachten Patienten bedeutet schon die Teilnahme an Spaziergängen oder Sport innerhalb des Geländes der Einrichtung mehr Freiheit und damit eine Lockerung der Unterbringung. Eine erhebliche Lockerung stellt natürlich die Verlegung auf eine weniger gesicherte oder gar offene Station dar. An Lockerungen im engeren Sinne, bei denen der Patient vorübergehend ohne Überwachung ist, kommen im Maßregelvollzug in Betracht:

- Ausgang ohne Begleitung zwischen einer halben oder einer Stunde bis hin zu einem ganzen Tag, gegebenenfalls in einem räumlich festgelegten Bereich, etwa der Stadt, in der die Einrichtung liegt;
- Urlaub mit einer oder mehreren Übernachtungen bis hin zu einem Probe- oder Vorbereitungsurlaub vor der Entlassung, ebenfalls mit Festlegung des Aufenthaltsorts;
- Arbeitstätigkeit außerhalb der Einrichtung oder die Teilnahme an einer Ausbildung oder Umschulung.

Lockerungen sind ein integraler Bestandteil der Therapie im Maßregelvollzug. Ohne die Gewährung von Lockerungen ist grundsätzlich keine Behandlung bzw. Rehabilitation, sondern nur eine Verwahrung möglich. Der oft geäußerten Vorstellung, dass psychisch kranke und suchtkranke Rechtsbrecher zwar therapiert werden sollen, aber unter geschlossenen Bedingungen, muss man immer wieder diese Erklärung entgegenhalten. Lockerungen dienen dazu, die bisherigen Erkenntnisse über Ursachen für die Erkrankung und das Delikt in der Realität zu überprüfen. Außerdem sollen dabei die mit dem Patienten erarbeiteten Strategien, Verführungssituationen anders als früher und ohne Rückfall oder Delinquenz zu meistern, auf ihre Tauglichkeit getestet und noch bestehende Schwierigkeiten aufgespürt werden. Nur so können die Erklärungsmodelle und Verhaltensalternativen im Verlauf der Therapie weiter verbessert werden.

Außerdem geben Lockerungen dem Patienten die Möglichkeit, seine neu aufgebauten Verhaltensweisen außerhalb der Einrichtung einzuüben sowie die eigene Stabilität zu überprüfen und nachzuweisen. Lockerungen sind auch unabdingbar, damit der Patient allmählich lernt, nach oft langem Aufenthalt im Maßregelvollzug wieder selbst die Verantwortung für sich zu übernehmen. Für die Therapeuten schaffen sie die Möglichkeit, den Patienten kontrolliert mit zunehmenden Belastungen zu konfrontieren und sein Verhalten dabei zu beobachten. Dies ist eine wichtige Voraussetzung dafür, irgendwann eine solide Entlassungsprognose stellen zu können.

Alle gemäß § 64 StGB untergebrachten und die meisten gemäß § 63 StGB untergebrachte Patienten werden nach einem mehr oder weniger langen Behandlungszeitraum entlassen. Geschähe dies ohne vorherige Überprüfung durch Lockerungen, würde das gesamte damit verbundene Risiko aus dem Maßregelvollzug hinaus auf die Allgemeinheit verlagert!

MERKE → Lockerungen sind keine Belohnungen, sondern Test- und Trainingsmöglichkeiten für ein neues Sozialverhalten.

Es ist nicht der Sinn von Lockerungen, den Patienten Annehmlichkeiten zu gewähren, wenngleich aus deren Perspektive Lockerungen natürlich etwas Angenehmes sind, von ihnen oft wie eine Belohnung für ihren bisherigen Einsatz in der Therapie empfunden werden und auch die Motivation stärken, sich weiter in der Behandlung zu engagieren. Nicht wenige Patienten haben – gerade nach langer Unterbringung im Maßregelvollzug oder bei Unsicherheit bezüglich der eigenen Stabilität – aber auch *Angst vor Lockerungen*. Es ist sicher nicht sinnvoll, einen Patienten etwa gerade dann in Urlaub zu schicken, wenn er Befürchtungen äußert, diesen nicht zu meistern. Eine kontinuierliche Motivationsarbeit und auch ein gewisser Druck sind jedoch notwendig, damit er sich irgendwann dieser Anforderung stellt, denn eine Entlassung ohne vorherige Erprobung in Lockerungen wäre gerade in einem solchen Fall nicht zu verantworten.

Dieselbe intensive Arbeit ist auch mit Patienten nötig, die Angst vor Lockerungen zwar verbal bestreiten, diese aber durch ihr Verhalten signalisieren, indem sie zum Beispiel ihren Ausgang mit allen möglichen Begründungen kaum wahrnehmen oder mehrfach Beurlaubungen nicht antreten, weil sie angeblich verschlafen oder den Bus verpasst haben.

Die Notwendigkeit von Lockerungen steht also nicht zur Diskussion, sondern lediglich der Zeitpunkt, an dem einem Patienten, der in der Therapie mitarbeitet und bei dem ein Therapieerfolg zu erwarten ist, Lockerungen gewährt werden können. Grundsätzlich gilt, was in unterschiedlichen Formulierungen auch in allen Maßregelvollzugs- und Psychisch-Kranken-Gesetzen der Bundesländer festgeschrieben ist, dass Lockerungen zu gewähren sind, wenn nach sorgfältiger Prüfung nur noch eine sehr kleine Wahrscheinlichkeit gesehen wird, dass der Patient während der Lockerung eine erneute Straftat begeht, dass er während der Lockerung entweicht oder dass die Lockerung seiner Therapie schadet statt nützt.

Welche Wahrscheinlichkeit noch in Kauf genommen werden kann, richtet sich nach der Schwere einer eventuell zu erwartenden neuen Straftat und damit meist auch nach der Schwere der Straftat, die zur Unterbringung im Maßregelvollzug geführt hat. Ein Ladendiebstahl oder ein einfacher Alkoholrückfall kann sicher eher in Kauf genommen werden als eine Entweichung mit einem damit einhergehenden Abbruch der medikamentösen Behandlung und der Gefahr eines erneuten Körperverletzungsdelikts. Eine hundertprozentige Sicherheit, dass während einer Lockerung nichts passiert, gibt es allerdings nicht.

Grundsätzlich werden den gemäß § 64 StGB untergebrachten suchtkranken Patienten Lockerungen zu einem früheren Zeitpunkt, meist bereits nach einigen Monaten Behandlung, gewährt, da bei ihnen die Therapie gegenüber der Sicherung deutlichen Vorrang hat und sie spätestens mit Ablauf der Höchstfrist grundsätzlich wieder aus dem Maßregelvollzug entlassen werden. Demgegenüber kann es bei den gemäß § 63 StGB untergebrachten psychisch kranken Patienten Jahre dauern, bis sie Lockerungen erhalten. Bei einzelnen wird dies auch auf Dauer nicht möglich sein.

Das praktische Vorgehen

Ausführungen zu Terminen beim Facharzt, zu Gerichtsterminen, aber auch beispielsweise zur Beerdigung eines nahen Angehörigen sind meist von einer Notwendigkeit diktiert, sodass hier in der Regel nicht zu entscheiden ist, ob eine Ausführung stattfindet, sondern nur, welche Sicherheitsvorkehrungen zu treffen sind. Die Begleitung kann durch einen oder mehrere Mitarbeiter des Pflegepersonals oder eines Wachdienstes erfolgen, wenn die Maßregelvollzugseinrichtung über einen solchen verfügt. In manchen Bundesländern ist als besondere Sicherungsmaßnahme eine Fesselung zulässig, wenn der Untergebrachte als besonders gefährlich oder fluchtgefährdet eingeschätzt wird. Wenn diese Möglichkeiten nicht zur Verfügung stehen oder als nicht ausreichend erscheinen, kann die Polizei gebeten werden die Ausführung im Rahmen der Amtshilfe abzusichern.

Bei Ausführungen zur Vorbereitung weiterer Lockerungen, etwa einem Spaziergang zum Kennenlernen der nächstgelegenen Bushaltestelle, ist dagegen davon auszugehen, dass der Patient in seiner Behandlung entsprechend weit fortgeschritten ist und keiner besonderen Sicherung mehr bedarf.

Vor der Gewährung jeder Lockerung im engeren Sinne müssen prognostische Überlegungen angestellt werden, was für und was gegen die Gewährung spricht, welche Restrisiken bestehen und wie groß ihre Wahrscheinlichkeit eingeschätzt wird. Es ist dringend zu empfehlen, dass diese Prognosestellung und die Entscheidung über die Lockerung nicht von einer einzigen Person vorgenommen werden, vor allem nicht allein vom Bezugstherapeuten des Patienten, der leicht in Gefahr gerät, den Aspekt der Therapie überzubewerten. Vielmehr sollte eine breite Diskussion unter Einbeziehung des gesamten Behandlungsteams erfolgen – wegen der guten Vergleichbarkeit der Ergebnisse über die Zeit hinweg eventuell unter Zuhilfenahme eines Prognoseinventars wie des HCR 20 oder des SVR 20. Zu näheren Informationen über Prognoseinventarien und Einzelheiten der Prognosestellung sei auf das Kapitel über die Entlassungsprognose verwiesen.

In einigen Bundesländern haben die Maßregelvollzugseinrichtungen einen Sicherheitsbeauftragten, der alle Lockerungsentscheidungen noch einmal überprüft. Gelegentlich sind auch gesetzlich externe Begutachtungen vorgesehen, wenn Lockerungsentscheidungen bei Patienten getroffen werden sollen, die besonders schwere Straftaten begangen haben. Die letzte Entscheidung liegt beim Leiter der Maßregelvollzugseinrichtung.

Je nach Maßregelvollzugs- bzw. Psychisch-Kranken-Gesetz ist in vielen Bundesländern eine Beteiligung der vollstreckenden Staatsanwaltschaften bei der Gewährung von Lockerungen wie Ausgang oder Urlaub vorgesehen. **Einbeziehung der Justiz** Diese kann von der einfachen Mitteilung, dass eine bestimmte Lockerung gewährt wurde, bis hin zur Einholung der Zustimmung der Staatsanwaltschaft reichen. Einerseits bringt diese Prozedur zusätzliche Arbeit und manchmal auch zeitliche Verzögerung mit sich, andererseits kann sie auch eine große Hilfe bedeuten. Die Staatsanwaltschaften beurteilen die Gewährung von Lockerungen vor allem unter dem Aspekt der Sicherheit, können unter Umständen auf eine von ihnen noch gesehene Gefährdung hinweisen oder durch die Forderung nach einer eingehenderen Begründung für die geplante Lockerung ein nochmaliges Durchdenken der Entscheidung anregen. Wenn sie ihre Zustimmung zu einer Lockerung signalisieren oder jedenfalls keine Einwände dagegen erheben, übernehmen sie eine gewisse Mitverantwortung, auf die die Maßregelvollzugseinrichtung nicht verzichten sollte.

Die konkrete Entscheidung, dass ein Patient Ausgang oder Urlaub erhält, fällt in zwei Schritten. Zunächst erfolgt die grundsätzliche Entscheidung, ob eine bestimmte Lockerung dem therapeutischen Entwicklungsstand des Patienten angemessen und zu verantworten ist. Hierbei wird die beschriebene sorgfältige Prüfung vorgenommen und gegebenenfalls die Staatsanwaltschaft beteiligt. Absolviert der Patient die erste Lockerung ohne Schwierigkeiten, wird sie in der Regel weitere Male gewährt. Diese nachgeordneten Entscheidungsprozesse verlaufen meist weniger aufwändig, jedoch ist es wichtig, dass jedes Mal eine Prüfung erfolgt, ob die Lockerung zu vertreten ist, auch wenn diese manchmal nur darin besteht, dass das Pflegepersonal einen kurzen Kontakt mit dem Patienten hat, ehe dieser etwa die Station zum unbegleiteten Ausgang verlässt. Selbstverständlich muss jeder mit dem Patienten befasste Mitarbeiter signalisieren, wenn ihm Veränderungen im Verhalten des Patienten auffallen, die für die weitere Gewährung oder Aussetzung einer Lockerung relevant sein könnten.

Es ist therapeutisch sinnvoll und trägt er- **Vorbereitung von Lockerungen** heblich zur Sicherheit bei, wenn Ausgang oder Beurlaubung mit dem Patienten gut vorbereitet wird, besonders dann, wenn er noch nicht viele dieser Lockerungen absolviert hat. Dabei sollte besprochen werden, welche Aktivitäten sich der Patient für den Ausgang oder die Beurlaubung vorgenommen hat; möglicherweise auftretende Problemsituationen und der sinnvolle Umgang damit sind durchzugehen. Zudem muss festgelegt werden, was der Patient beim Scheitern der Lockerung zu tun hat. Selbstverständlich kann ihm die Auflage erteilt werden, bestimmte Plätze – etwa die Straße, in der er früher gewohnt hat – oder den Kontakt mit bestimmten Personen – zum Beispiel alten Trinkkumpanen – zu meiden. Bei Beurlaubungen kann vereinbart werden, dass sich der Patient zu bestimmten Zeiten telefonisch auf seiner Station meldet.

Geklärt werden muss auch, wo der Patient während der Beurlaubung übernachtet. Sind dies Angehörige oder Bekannte, ist dringend zu empfehlen, sie vor der ersten Beurlaubung des Patienten zu einem Angehörigengespräch einzuladen oder zusammen mit dem Patienten einen Hausbesuch bei ihnen zu machen. Dabei gewinnt man einen Eindruck, wie die Beziehung zwischen ihnen und dem Patienten ist und ob man unter diesem Gesichtspunkt die Beurlaubung vertreten kann. Außerdem kann man mit ihnen besprechen, wie sie sich in eventuellen Krisensituationen verhalten sollen. Kennen die Angehörigen die Mitarbeiter der Maßregelvollzugseinrichtung, werden sie sich beim Auftreten von Problemen leichter dorthin wenden. Mindestforderung ist, dass eine schriftliche Einladung der Person(en) vorliegen muss, die der Patient im Urlaub besucht.

Hat der Patient wenig oder keine sozialen Kontakte außerhalb der Maßregelvollzugseinrichtung, kommt eventuell die Übernachtung in einer Jugendherberge oder einer Pension in Frage. Auch in diesem Fall muss gemeinsam mit dem Patienten die Unterkunftsfrage geklärt und vorbereitet werden. Probe- oder Vorbereitungsurlaub vor der anstehenden Entlassung kann auch bereits in einer eigenen Wohnung oder in dem Heim oder der Rehabilitationseinrichtung verbracht werden, wo der Patient nach seiner Entlassung leben wird.

Wenn sich der Patient nicht an Absprachen **Umgang mit Fehlverhalten** oder Auflagen für seinen Ausgang oder Urlaub hält, wenn er ihn überzieht oder gar nicht zurückkommt, wenn er einen Suchtmittelrückfall hat oder eine erneute Straftat begeht, dann hat das in jedem Fall mindestens zur Folge, dass einstweilen keine Lockerungen mehr gewährt werden und das Vorgefallene intensiv durchgesprochen wird. Die weiteren Konsequenzen richten sich nach dem Einzelfall. Dabei ist von Bedeutung, welches Fehlverhalten der Patient während der Lockerung gezeigt hat, ebenso bedeutsam sind die Gründe, die zu diesem Fehlverhalten geführt haben. Außerdem ist der gesamte bisherige Therapieverlauf zu berücksichtigen, etwa die Frage, ob es sich um das erste Scheitern bei einer Lockerung bzw. um das erste derartige Fehlverhalten oder um einen Wiederholungsfall handelte.

Ganz wichtig ist auch, wie sich der Patient zu dem Vorgefallenen stellt, ob er offen ist und sich selbst um eine Klärung bemüht oder ob er bagatellisiert und die Schuld bei anderen sucht. Es ist eine breite Palette von Konsequenzen denkbar, von einer Krisenintervention bei einem suchtkranken Straftäter, der während der Entlassungsvorbereitung einen kurzen und einmaligen Rückfall hatte, bis hin zu einem praktisch völligen Neubeginn in der Therapie oder auch der Entscheidung, dass weitere therapeutische Maßnahmen nicht erfolgversprechend scheinen. Andererseits muss ein Rückfall, sei es ein Suchtmittelrückfall oder ein Rückfall in alte unangemessene Verhaltensweisen, keine Katastrophe sein. Er hat den positiven Aspekt, Patient und Therapeut zu zeigen, dass und wo noch weiter gearbeitet werden muss. Wenn diese Erfahrung nutzbringend in die Therapie einfließt, kann der Rückfall manchmal sogar gut sein.

Die mit Abstand problematischsten Vorkomm- **Folgen von Zwischenfällen** nisse während Lockerungen sind natürlich Entweichungen oder neue Straftaten. Diese Vorkommnisse müssen meistens sofort dem Träger der Maßregelvollzugseinrichtung gemeldet werden. Wenn sie umfangreichere Fahndungsmaßnahmen verursachen und auch der Öffentlichkeit bekannt werden, können sie sehr viel Unruhe im und um den Maßregelvollzug hervorrufen, wie einige spektakuläre Fälle in den letzten Jahren gezeigt haben. In solchen Fällen kann es auch zu staatsanwaltschaftlichen Ermittlungen gegen Mitarbeiter der Maßregelvollzugseinrichtung kommen unter der Fragestellung, ob sie mit der nötigen Sorgfalt und unter ausreichender Berücksichtigung des Sicherheitsaspekts geprüft haben, ob die gewährte Lockerung zu verantworten war. Gelegentlich kommt es auch zu Strafverfahren wegen des Vorwurfs der Gefangenenbefreiung oder der Beihilfe zu Straftaten, jedoch sind Verurteilungen selten.

Strafrechtlich zur Verantwortung gezogen werden kann man dann, wenn man bei sorgfältiger Prüfung die neue Straftat hätte vorhersehen und etwa durch Nichtgewährung der Lockerung hätte verhindern können. Kommt es zu einem Prozess, in dem Mitarbeiter der Maßregelvollzugseinrichtung als Beschuldigte oder Zeugen über Interna der Einrichtung aussagen müssen, ist zuvor abzuklären, ob eine Aussagegenehmigung vom Träger eingeholt werden muss. Eine gute Berufshaftpflicht- und eventuell auch eine Rechtsschutzversicherung ist vor allem für Mitarbeiter, die im Maßregelvollzug eine gewisse Verantwortung tragen, dringend zu empfehlen.

Der sicherste Schutz gegen eine Verurteilung ist eine gute und ausführliche Dokumentation des Behandlungsverlaufs und des Entscheidungsprozesses, der der Gewährung der Lockerung voranging. Ein Problem dabei ist jedoch, dass Psychiater bzw. Psychologen einerseits und Juristen andererseits unterschiedliche Fachsprachen und Termini verwenden, sodass die Fragen der Juristen aus der Behandlungsdokumentation in der Regel nicht ohne »Übersetzung« zu beantworten sind. Deshalb zieht das Gericht in solchen Prozessen regelmäßig einen oder mehrere psychiatrische Gutachter hinzu, die die Frage beantworten, ob Entscheidungen mit der nötigen Sorgfalt und Fachkenntnis getroffen wurden.

Entweichungen

Entweichungen können als Ausbrüche (oft verbunden mit Gewaltanwendung gegen Sachen oder Personen) oder als Weglaufen bei Aktivitäten außerhalb des gesicherten Bereichs der Einrichtung (etwa Ausführungen oder Ausgang oder Urlaub) geschehen. Eine sorgfältige Prognosestellung bezüglich notwendiger Sicherungsmaßnahmen oder der Gewährung von Lockerungen kann Entweichungen vorbeugen, sie jedoch nie ganz ausschließen.

Im Falle einer Entweichung muss umgehend eine Fahndung nach dem entwichenen Patienten eingeleitet werden. Bei der nicht zeitgerechten Rückkehr vom Ausgang oder von Beurlaubungen können allerdings das Abwarten einer gewissen Karenzzeit und die Prüfung, ob eine Zugverspätung oder dergleichen ursächlich dafür sein könnte, sinnvoll sein. Zur Einleitung der Fahndung wird die Polizei zunächst telefonisch über die Entweichung und ihre Umstände informiert und möglichst eine Personenbeschreibung abgegeben. Eventuell sind ein Fahndungsfoto und der Urteilstenor zu übermiteln.

In vielen Maßregelvollzugseinrichtungen existieren Dienstanweisungen oder andere Vorschriften, wie im Falle einer Entweichung vorzugehen ist. Falls darin nichts anderes vorgesehen ist, sollte spätestens am ersten Arbeitstag nach der Entweichung die vollstreckende Staatsanwaltschaft verständigt werden, und in aller Regel will auch der Träger der Maßregelvollzugseinrichtung Bescheid wissen. Mitteilungen an diese Stellen müssen auch erfolgen, wenn ein Patient von sich aus von der Entweichung zurückkehrt oder zurückgebracht wird. Die Fahndung selbst und das Ergreifen des entwichenen Patienten sind Aufgaben der Polizei, jedoch sollte man sie auf dem Laufenden halten, wenn man Informationen über den Verbleib des entwichenen Patienten erhält.

Neue Straftaten während Lockerungen oder Entweichungen

Das größte Problem besteht darin, von neuen Straftaten eines Patienten außerhalb der Maßregelvollzugseinrichtung überhaupt zu erfahren, vor allem dann, wenn es sich um weniger gravierende Delikte wie Ladendiebstahl oder die Verwicklung in eine Schlägerei handelt. Die Patienten erzählen von sich aus meist nichts von derartigen Vorkommnissen. Die Polizei ermittelt oft, ohne überhaupt zu realisieren, dass sich der mutmaßliche Täter im Maßregelvollzug befindet, oder ohne daran zu denken, dass eine Mitteilung dorthin über den neuen Tatverdacht angezeigt sein könnte. So erfährt man davon manchmal erst Wochen später ganz zufällig, wenn die Polizei anfragt, ob und wann eine Beschuldigtenvernehmung des Patienten möglich sei. Es ist deshalb unbedingt zu empfehlen, nach der Rückkehr eines Patienten von einer Entweichung und bei jedem Verdacht auf Unregelmäßigkeiten während einer Lockerung aktiv nachzuforschen, ob es Hinweise auf neue Straftaten gibt. Dies geschieht am besten durch Anrufe bei den Polizeidienststellen, in deren Bereich sich der Patient aufgehalten hat.

Hinweise auf das Vorliegen einer Straftat führen natürlich zu einer sofortigen Streichung aller Lockerungen; das weitere therapeutische Vorgehen richtet sich nach den Modalitäten des Einzelfalls, wie bereits im Kapitel über Lockerungen beschrieben. Auf den Ablauf des Verfahrens bezüglich der neuen Straftat hat die Maßregelvollzugseinrichtung wenig Einflussmöglichkeiten, sollte aber versuchen, über den Stand auf dem Laufenden zu bleiben, also etwa Einstellung, Anklageerhebung, Verhandlungstermin und dergleichen mitzubekommen.

Die Überprüfung durch die Strafvollstreckungskammer

Entsprechend der gesetzlichen Regelung in § 67 e StGB finden bei der Unterbringung im psychiatrischen Krankenhaus mindestens einmal jährlich und bei der Unterbringung in einer Entziehungsanstalt mindestens halbjährlich gerichtliche Überprüfungen statt. Dabei geht es um die Entscheidung, ob die Unterbringung des Patienten fortdauern muss oder ob sie zur Bewährung ausgesetzt werden kann, oder auch darum, ob eine Unterbringung in einer Entziehungsanstalt wegen Aussichtslosigkeit beendet werden soll.

In der Praxis haben diese Überprüfungen für den Patienten darüber hinaus eine wichtige therapeutische Funktion. Zum einen untergliedern sie die oft lange Zeit des Maßregelvollzugs in überschaubare Etappen. Zum anderen äußern sich die Richter der Strafvollstreckungskammern während der Anhörung oder sogar im Beschluss oft auch dahingehend, welche Fortschritte noch von dem Patienten erwartet werden oder welche Bedingungen er erfüllen muss, um die Chance einer Entlassung aus dem Maßregelvollzug zu haben. Dadurch können sie dem Patienten wichtige Anstöße und neue Motivation für die weitere Therapie geben. Diese wiegen umso schwerer, als sie von Außenstehenden kommen und nicht von den Mitarbeitern der Maßregelvollzugseinrichtung.

Sowohl bei ihren Entscheidungen als auch bei ihren Rück- **Stellungnahmen** meldungen an die Patienten stützen sich die in der Strafvollstreckungskammer tätigen Richter wesentlich auf die Stellungnahmen, die die Maßregelvollzugseinrichtung zu den Prüfterminen auf Anforderung der vollstreckenden Staatsanwaltschaft abgeben muss. Diese enthalten außer den formalen Angaben (Personalien, Aktenzeichen und Unterbringungsdauer des Patienten):

❏ die Diagnose oder aktuelle diagnostische Überlegungen,

- Angaben darüber, welche therapeutischen Maßnahmen der Patient während des Berichtszeitraums, also seit der letzten Überprüfung, absolviert hat,
- welche Entwicklung er in dieser Zeit genommen hat,
- ob disziplinarische oder sonstige Komplikationen aufgetreten sind,
- ob und welche Lockerungen ihm gewährt wurden.

Bezüglich der früheren Entwicklung kann man bei den in der Regel ja recht langen Unterbringungsdauern auf die vorhergehenden Stellungnahmen verweisen, die in den Vollstreckungsakten vorliegen. Lediglich wenn die Aussetzung einer Maßregel zur Bewährung ansteht, empfiehlt es sich, den gesamten Behandlungsverlauf noch einmal Revue passieren zu lassen.

Auch wenn diese Stellungnahmen ohne Schweigepflichtsentbindung durch den Patienten abgegeben werden dürfen, was nicht in allen Bundesländern der Fall ist, sollte man mit der Darstellung von Details aus den therapeutischen Gesprächen zurückhaltend sein. In der Regel sind sie für die Strafvollstreckungskammer zur Entscheidungsfindung nicht notwendig; es ist in aller Regel ausreichend, auf einer Metaebene beispielsweise anzugeben, dass sich der Patient in den Einzelgesprächen ausreichend und erfolgreich mit seiner Straftat auseinander gesetzt hat.

Im Sinne einer klaren und offenen Rückmeldung an den Patienten ist es günstig, dem Patienten eine Kopie der Stellungnahme auszuhändigen, wann immer dies irgend möglich ist. Er erfährt sie bei der Anhörung durch die Strafvollstreckungskammer ohnehin, und die frühzeitige Aushändigung ermöglicht ihm, sich mit der schriftlich fixierten Einschätzung durch die Vollzugseinrichtung auseinander zu setzen und sich so auf die Anhörung vorzubereiten.

Da die Stellungnahmen für die Überprüfungen gemäß § 67 e StGB in der Regel von den Bezugstherapeuten der Patienten verfasst werden, und zwar einfach deshalb, weil sie die Patienten am besten kennen, können diese gegenüber den Patienten in einen Rollenkonflikt geraten. Auf der einen Seite sind sie der Therapeut, zu dem der Patient Vertrauen haben und dem er alle seine Gedanken und Gefühle mitteilen soll. Auf der anderen Seite sind sie der Beurteiler, der auf Grund seiner Kenntnis des Patienten Wertungen und Empfehlungen ausspricht, die dessen weiteres Leben unter Umständen erheblich beeinflussen. Eine wirklich befriedigende Lösung gibt es für dieses Problem nicht.

Es ist hilfreich, dem Patienten vor Übernahme der Therapeutenrolle klar zu sagen, dass es innerhalb des Maßregelvollzugs keine Schweigepflicht gibt und dass wichtige Informationen durch den Bezugstherapeuten an die anderen Teammitglieder sowie gegebenenfalls auch an die vollstreckende Staatsanwaltschaft und die Strafvollstreckungskammer weitergegeben werden. Andererseits ist es wichtig, dem Patienten deutlich zu machen, dass die Entscheidung über den Inhalt der Stellungnahme und die abgegebene Empfehlung nicht beim Bezugstherapeuten allein liegt, sondern dass das gesamte Behandlungsteam einbezogen wird. Keine wesentliche Hilfe ist es dagegen, die Stellungnahme von einer anderen Person als dem Bezugstherapeuten schreiben zu lassen, da der Patient ja doch weiß, dass dessen Informationen in entscheidender Weise einfließen.

Wenn die Strafvollstreckungskammer an einem Termin mehrere Patienten anzuhören hat, was in größeren Maßregelvollzugseinrichtungen häufig der Fall sein dürfte, wird sie die Anhörungen vermutlich in der Einrichtung durchführen. Dann sollten der Bezugstherapeut des Patienten und eventuell der Leiter der Einrichtung bei der Anhörung anwesend sein und für Rückfragen und Zusatzinformationen zur Verfügung stehen. Wünscht der Patient dies ausdrücklich nicht, muss die Kammer über ihre An- oder Abwesenheit entscheiden. Falls der anzuhörende Patient der Strafvollstreckungskammer im Gerichtsgebäude vorgeführt werden muss, wird aus Gründen der Arbeitsökonomie die Begleitung des Patienten durch seinen Therapeuten wohl nur in jenen Fällen erfolgen, in denen eine schwerwiegende Entscheidung ansteht und der Therapeut als Sachverständiger gefragt oder gar geladen ist.

Der Umgang mit
dem sozialen Umfeld

Es ist keine Frage, dass eine stabile, reife, unterstützende Partnerschaft förderlich für die Behandlung und Entwicklung eines psychisch kranken oder suchtkranken Straftäters ist. Leider leben nur wenige der im Maßregelvollzug Untergebrachten in festen Partnerbeziehungen, und wo das der Fall ist, entsprechen die Partnerinnen oft nicht unseren Vorstellungen von einer vernünftigen, kooperativen und frustrationstoleranten Ehefrau oder Lebensgefährtin. Dennoch sollten solche bestehenden festen Partnerschaften unterstützt und der Patient sollte dazu angehalten werden, im Rahmen der Möglichkeiten Verantwortung für sie und vor allem auch für eventuell daraus hervorgegangene Kinder zu übernehmen. Die Frauen sollten in die Behandlung einbezogen werden, soweit sie es wünschen und soweit sie sich nicht krass therapieschädigend verhalten. Meistens wünschen sie sich Informationen über das bei ihrem Partner vorliegende Krankheitsbild und die geplanten Behandlungsmaßnahmen, und diese sollten ihnen auch in ausreichendem Maß gegeben werden, wobei es ganz wichtig ist, in einer für sie verständlichen Sprache zu sprechen.

Kinder haben übrigens bei solchen Gesprächen nichts »zu suchen«, weil sie die Konzentration der Mutter stören und zu sehr mit den Problemen des Vaters belastet werden können. In irgendeiner Weise muss dann eine Möglichkeit der Betreuung für die Dauer des häufig ohnehin nicht allzu langen Gesprächs gefunden werden.

Da Angehörigen gegenüber Schweigepflicht besteht, muss der Patient vor dem Stattfinden des Gesprächs möglichst schriftlich der Weitergabe von Informationen zustimmen. Günstiger ist es, wenn der Patient beim Gespräch dabei ist. So kann er signalisieren, über welche Themen nicht gesprochen werden soll; außerdem erfährt man in diesen Dreiergesprächen viel über die Beziehung der Partner. Für die Maßregelvollzugseinrichtung gewinnen diese Partnerschaften dann an Bedeutung, wenn die Rehabilitation des Patienten ansteht und er sein weiteres Leben zusammen mit seiner Familie plant; zu diesem Zeitpunkt wird sich die Zusammenarbeit von Seiten der Einrichtung intensivieren.

Eine Ausnahme von dieser Regel der Kooperation mit festen Partnerinnen liegt dann vor, wenn die Partnerin oder die Kinder bei Körperverletzungs- oder Sexualdelikten Opfer des Patienten geworden sind. In diesem Fall sollte sowohl bei dem Patienten als auch bei seiner Familie eher auf eine Trennung hingearbeitet werden, weil eine gesunde Beziehung unter diesen Umständen kaum noch möglich ist, Wiederholungsgefahr meist nicht ausgeschlossen werden kann und dadurch die Prognose ungünstig beeinflusst wird.

Wegen der großen Bedeutung, die eine **Umgang mit neuen Partnerschaften** Partnerschaft haben kann, versuchen viele Patienten aus dem Maßregelvollzug heraus eine Beziehung zu einer Frau aufzubauen. Häufig lernen sie diese über Anzeigen oder durch Vermittlung von Mitpatienten kennen. Obwohl die Patienten meist behaupten, ihrer neuen Lebensgefährtin oder Verlobten reinen Wein über ihr Vorleben eingeschenkt zu haben, lernen diese Frauen zunächst vor allem die positiven Seiten des Patienten kennen, da sie ihn im Maßregelvollzug behandelt und in relativ geordneten Verhältnissen erleben.

Aus dem Wunsch heraus, eine unterstützende Partnerin zu sein, identifizieren sie sich oft stark mit dem untergebrachten Patienten und kritisieren oder bekämpfen möglicherweise mit ihm zusammen die Maßregelvollzugseinrichtung und auch die Therapie, ohne eigentlich etwas darüber zu wissen. Manche Patienten versuchen zu suggerieren, dass mit Auftreten der neuen Partnerin bei ihnen quasi keine weitere Therapie mehr nötig sei, da sie ja jetzt geordnete soziale Verhältnisse vorweisen und daher ohne Gefahr entlassen werden könnten.

Auch wenn die Folgen nicht so gravierend sind, ist im Umgang mit neuen Partnerinnen zunächst Zurückhaltung zu empfehlen. Erst wenn sich die Beziehung über einen längeren Zeitraum zu stabilisieren scheint und es sich vom Verlauf der Therapie her anbietet, sollte dem Paar im Ausgang oder im Rahmen einer Beurlaubung die Gelegenheit gegeben werden, sich auch unter »realen« Bedingungen näher kennen zu lernen.

Manchmal haben Patienten die Absicht, ihre neue (oder auch die alte) Partnerin während des Maßregelvollzugs zu heiraten. Die Gründe dafür müssen im therapeutischen Gespräch und gegebenenfalls mit dem Betreuer des Patienten erörtert werden. Grundsätzlich aber hat der Patient das Recht, eine Ehe zu schließen. Der Standesbeamte kommt dann nach Absprache in die Maßregelvollzugseinrichtung und nimmt dort die Trauung vor. Auf Wunsch vollzieht der zuständige Krankenhausseelsorger in ähnlichem Rahmen die religiöse Zeremonie. Meist wird nichts dagegen sprechen, im Anschluss an die eigentliche Eheschließung dem Patienten und seiner Frau die Möglichkeit zu einer kleinen Feier zusammen mit den Trauzeugen einzuräumen.

Ob Patienten die Möglichkeit zu intimen Kontakten mit ihrer Partnerin gegeben werden kann, sollte sich nicht nach moralischen Überlegungen, sondern nach den räumlichen Gegebenheiten, Sicherheitsaspekten und der therapeutischen Frage, ob sie der Behandlung schaden würden, richten. Grundsätzlich gehört Sexualität zu einem möglichst normalen Leben, das alle Maßregelvollzugsgesetze fordern.

Die stabilsten Beziehungen außerhalb des Maßregelvoll- **Herkunftsfamilie** zugs haben viele Patienten zu ihren Eltern. Dies bedeutet sicher eine erhebliche emotionale Unterstützung, jedoch geht die therapeutische Zielsetzung vielfach eher dahin, die Patienten »abzunabeln« und zu einer selbstständigen und selbstverantwortlichen Lebensgestaltung unabhängig von den (oft bereits alten) Eltern zu befähigen. Eine intensive Einbeziehung der Eltern in die Behandlung wird daher nur in Einzelfällen in Betracht kommen. Sonst sollte der Kontakt zu ihnen unter Beachtung der Schweigepflicht wie etwa der zu Ehepartnerinnen gepflegt werden.

Nicht selten kommt es vor, dass nach mehrfachem Scheitern, durch Straftaten, Verurteilungen und Strafverbüßung, der Kontakt zwischen dem Patienten und seinen Angehörigen, in diesem Fall meist der Herkunftsfamilie, völlig abgebrochen wurde, sei es aus Enttäuschung von Seiten der Angehörigen oder aus Scham von Seiten des Patienten. Wenn Patienten im Maßregelvollzug wieder die Erfahrung einer gewissen Stabilisierung machen und daraus neue Hoffnung für die Zukunft schöpfen, versuchen viele, diese abgerissenen Kontakte wieder zu beleben, manchmal mit Unterstützung des Sozialdienstes. Solche Versuche sind grundsätzlich positiv, dienen sie doch der Ordnung des eigenen Lebens, auch wenn das Ergebnis gelegentlich nur die endgültige Verabschiedung aus verwandtschaftlichen Beziehungen sein mag.

Wenn Patienten gesetzliche Betreuer haben, **Gesetzliche Betreuer u. Ä.** muss die Maßregelvollzugseinrichtung mit ihnen zusammenarbeiten, auch wenn dies bei einzelnen Entscheidungen schwierig sein sollte. Dabei sind jene Betreuer angenehm, mit denen man sich intensiv, wenn auch gelegentlich kontrovers auseinander setzen kann. Problematischer sind diejenigen, die schlecht erreichbar sind, sich um den im Maßregelvollzug ihrer Meinung nach gut untergebrachten Klienten kaum kümmern und so Entscheidungsprozesse blockieren. Wie weit Betreuern gegenüber Schweigepflicht besteht, hängt vom Aufgabenkreis des Betreuers ab. Einem lediglich zur Regelung der finanziellen Angelegenheiten eingesetzten Betreuer etwa darf ohne Schweigepflichtsentbindung durch den Patienten keine Auskunft über dessen Krankheitsbild gegeben oder Akteneinsicht gewährt werden.

Ähnliches gilt für Rechtsanwälte, die der Patient beauftragt, um seine Interessen durchzusetzen. Grundsätzlich sollte man mit ihnen kooperieren und sie bei ihrer Arbeit in der Vertretung des Patienten unterstützen. Ein Einsichtsrecht in die Krankenakte haben sie allerdings nur mit Zustimmung des Patienten.

Als weitere Personen, die von außerhalb Kontakt zu dem Untergebrachten haben, kommen Bewährungshelfer oder frühere Suchtberater oder andere institutionelle Helfer in Frage. Hier liegt meist echtes Interesse vor, wenn sie den Kontakt zum Patienten auch während der Unterbringung im Maßregelvollzug nicht abreißen lassen. Meistens sind diese Menschen kooperativ und können in der Rehabilitationsphase unter Umständen wertvolle Hilfe leisten.

Gelegentlich machen Patienten intensiv von ihrem Recht Gebrauch, die verschiedensten Kontroll- und Hilfeinstanzen wie Patientenfürsprecher, Träger der Vollzugseinrichtung, Strafvollstreckungskammer, Besuchskommission, Petitionsausschuss und dergleichen einzuschalten, besonders dann, wenn sie mit Aspekten ihrer Unterbringung im Maßregelvollzug unzufrieden sind. Die angesprochenen Personen bzw. Institutionen fordern in der Regel Stellungnahmen der Einrichtung zu den Beschwerden an, die natürlich mit zusätzlicher Arbeit verbunden sind. Ansonsten zeigen sich diese Stellen aber meist sehr verständnisvoll, wenn die Einrichtung die gesetzlichen Regelungen beachtet hat und nachvollziehbar ihre Gründe für ihr Vorgehen darlegen kann.

Unbedingt zu beachten ist, dass solche Stellungnahmen nur nach einer Entbindung von der Schweigepflicht durch den Patienten abgegeben werden dürfen, aus der immer konkret hervorgehen muss, wer gegenüber wem zu welchem Zweck Auskunft geben darf. Gibt der Patient diese Schweigepflichtsentbindung nicht ab, wird das dem um Auskunft Ersuchenden mitgeteilt.

Im weiteren Sinne gehört zum sozialen Um- **Umgang mit Massenmedien**
feld eines Patienten im Maßregelvollzug auch die Öffentlichkeit. Sie weiß in der Regel wenig über den Maßregelvollzug, vor allem über den Alltag dort, und hat entsprechend eine Menge Vorurteile. Wenn der Maßregelvollzug Teil eines großen psychiatrischen Krankenhauses ist, spiegelt sich dieses Verhältnis meist schon in der Beziehung zwischen dem forensischen Teil und den anderen Bereichen oder Abteilungen des Fachkran-

kenhauses wider. Es besteht wenig Kontakt, man weiß wenig über Arbeit und Arbeitsbedingungen in der Forensik, kaum ein Mitarbeiter möchte freiwillig dorthin wechseln: Der Maßregelvollzug ist eine Enklave innerhalb des Fachkrankenhauses.

Da es außer durch persönliche Gespräche mit Verwandten, Nachbarn, Bekannten, Freunden etc. wenig Möglichkeiten gibt, mit der Öffentlichkeit oder Teilen von ihr direkt in Kontakt zu treten – Tage der offenen Tür sind im Maßregelvollzug kaum zu realisieren –, führt der Weg zur Öffentlichkeit über die Massenmedien. Hier ist eine klare Unterscheidung zu treffen zwischen der Regenbogenpresse und entsprechenden privaten Fernsehsendern auf der einen und der seriösen Presse und dem größten Teil der öffentlich-rechtlichen Fernsehsender auf der andere Seite. Beide berichten natürlich über besondere Vorkommnisse im Maßregelvollzug wie Entweichungen oder neue Straftaten, wobei sich die Berichterstattung in der Qualität stark unterscheidet. Die seriösen Medien sind darüber hinaus bereit, auch unabhängig von oder gerade als Gegengewicht zu dieser »vorkommnisorientierten«, skandalisierenden Berichterstattung alltägliche Aspekte des Maßregelvollzugs zu beleuchten.

Da gelegentliche Verzerrungen oder unglückliche Formulierungen meist nicht auf bösen Willen, sondern auf unzureichende Vertrautheit mit der Materie zurückgehen, sollte man darum bitten, den Text vor der Veröffentlichung auf sachliche Fehler hin durchsehen zu dürfen, was in der Regel auch gewährt wird.

Bei der Zusammenarbeit mit Massenmedien ist wiederum zu beachten, dass Angaben, die einen einzelnen, bestimmten Patienten betreffen, nur mit seiner Zustimmung gemacht werden dürfen. Hier ist größte Vorsicht anzuraten. Ähnlich wie bei Aussagen vor Gericht muss auch bei Aussagen gegenüber Massenmedien abgeklärt werden, ob der Träger der Einrichtung damit einverstanden ist; eventuell möchte er etwa Interviews lieber durch seinen Pressesprecher geben lassen.

Wie wird der Maßregelvollzug abgeschlossen?

Die Vorbereitung der Entlassung

Bestimmte Rahmenbedingungen können die Entlassungsvorbereitungen fördern. So ist das Konzept einer Behandlungskette, innerhalb derer der Patient von einer geschlossenen, hoch gesicherten Aufnahmestation eventuell über Zwischenstationen auf eine offene oder mindestens halb offene Entlassungsstation oder in eine Wohngruppe wechselt, besonders günstig für die Hinführung zur Entlassung. In der Endphase der Behandlung sollten, wenn es irgend möglich ist, alle Patienten in einem solchen Umfeld leben, damit sie – selbstverständlich innerhalb bestimmter, durch die Hausordnung festgelegter Grenzen – die Einteilung ihrer Zeit und das Integrieren von festen (Therapie-)Terminen in ihren Tagesablauf erlernen und trainieren können. Ähnliches müssen sie auch nach der Entlassung bewältigen können. Auch die zunehmende Gewährung von Lockerungen gehört zu den Vorbereitungen der Entlassung.

Beim einzelnen Patienten beginnt die Vorbereitung der Entlassung viele Monate vor der eigentlichen Entlassung mit den Überlegungen und der Entscheidung des Behandlungsteams darüber, ob das Krankheitsbild des Patienten so weit gebessert ist, ob er so große Fortschritte in seiner Kooperationsfähigkeit und Verhaltenssteuerung gemacht hat und ob in absehbarer Zeit so viel von seiner eventuellen Parallelstrafe durch Anrechnung des Maßregelvollzugs erledigt ist, dass er nun in die Phase der Rehabilitation eintreten kann.

Am Anfang dieser Phase steht die gesprächsweise Auseinandersetzung mit der Zukunftsperspektive. Diese war zwar meist auch schon im Rahmen der eigentlichen Behandlung Thema der Gespräche, aber in der Rehabilitationsphase wird sie zum wichtigsten Gegenstand. Dabei geht es zunächst einmal um die Frage, ob die Rückkehr in eine bestehende Familie, selbstständiges oder betreutes Wohnen, eine Heimunterbringung oder als Zwischenschritt der Einzug in eine Wohngruppe der Maßregelvollzugseinrichtung in Frage kommt.

MERKE → Schon weit vor der Entlassung sollten sich die therapeutischen Gespräche mit der Entwicklung einer Zukunftsperspektive befassen (1. Phase).

Im Zusammenhang damit ist meist zu klären, ob eine Rückkehr an den alten Wohnort oder ein Neuanfang in einer anderen Stadt anzustreben ist. Dabei sind Aspekte wie das Bestehen von unterstützenden oder problematischen sozialen Beziehungen und nicht zuletzt auch die Arbeitsmarktsituation zu berücksichtigen. Häufig tendieren Patienten dazu, sich in der näheren Umgebung der Maßregelvollzugseinrichtung anzusiedeln. Dies hat aus ihrer Sicht die Vorteile, dass sie sich dort auskennen, vielleicht schon Bekanntschaften geknüpft haben und bei Problemen ihre früheren Bezugspersonen im Maßregelvollzug konsultieren können. Allerdings ist die gehäufte Unterbringung von entlassenen Patienten im näheren Umfeld nicht unproblematisch. Wenn Schwierigkeiten auftreten, wird durch den Patienten selbst, die Polizei oder Behörden immer die Maßregelvollzugseinrichtung damit konfrontiert, und mit der Zeit kann der gesamte Maßregelvollzug in Misskredit geraten.

Eine weitere wichtige Überlegung zu Beginn der Rehabilitationsphase ist jene, wie eine Beschäftigung des Patienten zu gewährleisten ist. Immerhin stellt die Beschäftigung ein wichtiges Element der Tagesstrukturierung dar. Bei der gegenwärtigen Arbeitsmarktlage haben nur wenige aus dem Maßregelvollzug entlassene Patienten eine Chance, auf dem so genannten ersten Arbeitsmarkt unterzukommen. Dies sind in erster Linie gemäß § 64 StGB untergebrachte Patienten, die in ihrer Arbeitsfähigkeit häufig nicht beeinträchtigt sind. Für die anderen kommen je nach Arbeitsfähigkeit etwa die Integration in eine Behindertenwerkstatt oder in eine Arbeitsbeschaffungsmaßnahme in Frage. Zu erwägen ist bei jüngeren Patienten auch eine Ausbildung oder bei älteren eine Umschulung.

Als Übergangslösung kommt »Arbeit statt Sozialhilfe« in Frage; darunter versteht man eine meist vom Sozialamt vermittelte gemeinnützige Tätigkeit von einigen Stunden pro Tag oder pro Woche, die mit einem kleinen Betrag honoriert wird, den der Patient als Aufbesserung der Sozialhilfe behalten darf. In Einzelfällen kommt für eine Übergangszeit auch die Ableistung von gemeinnütziger Arbeit aus früheren Verurteilungen in Frage; Plätze hierfür vermittelt die Bewährungshilfe. Punkte wie Nachbetreuungs- oder Freizeitmöglichkeiten spielen für die Planung der Entlassungssituation eine untergeordnete Rolle, da sie eigentlich überall zu organisieren sind.

Die verschiedenen Lösungsmöglichkeiten für die angeschnittenen Fragen werden in den Einzelgesprächen mit dem Bezugstherapeuten und gegebenenfalls auch in einer Gesprächsgruppe mit den Mitpatienten in ihrem Für und Wider erwogen. Am Ende muss der Patient in Kooperation mit seinem Therapeuten bzw. dem Behandlungsteam eine Entscheidung über seine zukünftige Lebenssituation fällen. Grundsätzlich ist es wünschenswert, dass der Patient diese Entscheidung selbst trifft, denn er ist es, der später in dieser Situation leben muss. Der Bezugstherapeut und das Behandlungsteam haben aber die Aufgabe, unrealistische oder von vornherein zum Scheitern verurteilte Planungen durch sehr energische Konfrontation und im Notfall sogar durch ein Veto zu unterbinden.

Ist die Entscheidung gefallen, tritt der Rehabilitationsprozess in seine zweite Phase, nämlich die der konkreten Vorbereitung der neuen Lebenssituation. Da der Maßregelvollzug selten heimatnah geschieht, werden dafür oft etliche Fahrten in relativ weit entfernte Orte notwendig, sei es für den Sozialdienst mit dem Patienten im Pkw oder für den Patienten allein mit öffentlichen Verkehrsmitteln. Diesen Aufwand und die dadurch verursachten Kosten muss die Maßregelvollzugseinrichtung im Interesse einer sorgfältigen Entlassungsvorbereitung auf sich nehmen, die auch den Kontakt mit den weiterbetreuenden Personen und Institutionen und anderen wichtigen Stellen einschließt.

MERKE → Schon vor der Entlassung sind Vorbereitungen außerhalb der Einrichtungen notwendig, etwa Wohnungssuche und Ämterbesuche (2. Phase).

Als erste konkrete Aufgabe steht die Suche eines geeigneten Heims oder einer betreuten Wohnform oder die Suche einer angemessenen eigenen Wohnung in der gewünschten Stadt oder Region an. Die Wohnungssuche beschränkt sich wegen der Höhe des Mietpreises und der Möglichkeit der Übernahme durch das Sozialamt in der Regel auf das Angebot kommunaler Wohnungsbaugesellschaften und ähnlicher Träger und stellt sich meistens relativ unproblematisch dar. Gemäß § 63 StGB untergebrachte Patienten können, gerade wenn sie erheblich minderbegabt oder langjährig hospitalisiert sind, oft nur so weit gefördert werden, dass sie in ein Heim mit ständiger Beaufsichtigung, manchmal sogar nur in ein geschlossenes Heim entlassen werden können. Die Suche nach einem solchen Heim oder einer betreuten Wohngruppe erweist sich oft als sehr schwierig, zumal dann, wenn neben der Grunderkrankung noch eine Suchtproblematik besteht. Zum einen stehen insgesamt wenig Heimplätze zur Verfügung, zum anderen haben viele Einrichtungen Angst davor, einen ehemals im Maßregelvollzug Untergebrachten aufzunehmen. Hier wäre eine größere Unvoreingenommenheit wünschenswert. Bis dahin werden die betroffenen Patienten gelegentlich auch mit Lösungen leben müssen, die ihren ursprünglichen Vorstellungen zuwider laufen.

Die nächsten Stellen, die aufgesucht werden müssen, sind parallel zueinander das Arbeitsamt und das Sozialamt, um einerseits die Finanzierung des Lebensunterhalts für den Patienten zu klären und andererseits die Suche nach einer Arbeitsstelle, Arbeitsbeschaffungsmaßnahme, Umschulung oder dergleichen in die Wege zu leiten.

Dann steht die Frage der Betreuung des Patienten nach **Nachbetreuung** seiner Entlassung an. Diese kann je nach Bedarf durch einen niedergelassenen Facharzt für Psychiatrie / Psychotherapie oder einen niedergelassenen psychologischen Psychotherapeuten, die Ambulanz einer psychiatrischen Klinik, den Sozialpsychiatrischen Dienst, eine Suchtberatungsstelle oder auch eine Selbsthilfegruppe erfolgen, eventuell auch durch eine Kombination dieser Möglichkeiten. Als wichtig hat sich herausgestellt, dass die Nachbetreuung nicht nur geplant wird, sondern dass bereits ein persönlicher Kontakt zwischen dem Patienten und der ihn weiter behandelnden Person hergestellt wird. Dadurch wird dem Patienten der Übergang zu seinem neuen Therapeuten erheblich erleichtert.

Suchtkranken Patienten, die die Aufgabe haben, sich eine geeignete Selbsthilfegruppe zu suchen, sollte unbedingt die Möglichkeit gegeben werden, bereits aus dem Maßregelvollzug heraus an einigen Sitzungen teilzunehmen. Fühlen sie sich in der Gruppe nicht wohl, müssen sie weitere Gruppen besuchen, bis sie die subjektiv richtige gefunden haben. Nur dann ist eine spätere regelmäßige Teilnahme zu erwarten. Günstig ist es auch, wenn bereits ein persönliches Kennenlernen mit dem zukünftigen Bewährungshelfer arrangiert wird, damit später die Hemmschwelle, ihn aufzusuchen, nicht mehr so hoch ist. Die Bewährungshelfer sind zu einer solchen Kontaktaufnahme vor der Entlassung zwar nicht verpflichtet, aber mit seltenen Ausnahmen bereit.

Für die Maßregelvollzugseinrichtung schafft der frühzeitige Kontakt mit der nachbehandelnden Person oder Institution und dem zukünftigen Bewährungshelfer die Möglichkeit, diesen – mit Einverständnis des Patienten – Informationen über eventuelle Besonderheiten zukommen zu lassen und die beratende Zusammenarbeit einzuleiten, die in den Maßregelvollzugs- oder Psychisch-Kranken-Gesetzen eines Teils der Bundesländer ausdrücklich vorgesehen ist.

Zur Vorbereitung der Entlassung gehört auch, dass absehbare Schwierigkeiten im Umfeld der Entlassung rechtzeitig ausgeräumt werden. Es sollte also nicht vorkommen, dass gerade in dieser Zeit mehrere Stundungen von Verbindlichkeiten auslaufen oder eine Scheidungsverhandlung ansteht. Derartige Angelegenheiten müssen frühzeitig vor der Entlassung geregelt werden, damit der Patient zum Entlassungszeitpunkt innerlich frei ist, sich mit den großen auf ihn zukommenden Veränderungen auseinander zu setzen.

Soweit der Patient dazu in der Lage ist, sollte er kleinere oder größere Aufgaben im Rahmen der Entlassungsvorbereitungen selbstständig übernehmen, um sich allmählich auf die größere Selbstverantwortung nach der Entlassung vorzubereiten. Allerdings sollte dies immer in enger Absprache mit dem in dieser Phase meist federführenden Sozialdienst geschehen in dem Sinne, dass der Patient eine konkrete Aufgabe vorbesprechen, bearbeiten und anschließend nachbesprechen muss. Inhaltlich kann das vom Bestellen von Informationsmaterial über ein Heim bis hin zur selbstständigen Wohnungssuche im Rahmen einer Beurlaubung gehen. Traut sich der Patient bestimmte Aufgaben jedoch noch nicht allein zu, ist eine Begleitung natürlich empfehlenswert.

Ganz besonders gilt dies für Patienten mit dem Problem der so genannten Hospitalisierung, die nach jahrelanger Unterbringung im Maßregelvollzug am liebsten in diesem vertrauten Umfeld verbleiben würden und Angst vor einer Entlassung in die Freiheit haben. Bei ihnen ist ein sehr langsames Vorgehen bei den Entlassungsvorbereitungen mit zahlreichen vorbereitenden Fahrten zum unverbindlichen Anschauen von Heimen oder zum Kennenlernen potenzieller neuer Lebensräume notwendig, um überhaupt erst einmal eine Motivation zu erzeugen, den Schritt aus dem Maßregelvollzug anzustreben. Dasselbe gilt für Patienten, die Rentenempfänger sind und nicht entlassen werden möchten, weil sie dann anders als im Maßregelvollzug ihre Rente und eventuelle Ersparnisse zum Bestreiten ihres Lebensunterhalts einsetzen müssen.

Soweit keine Geldmittel und kein anderer Kostenträger vorhanden sind, trägt die Kosten für alle im Rahmen der Entlassung anfallenden Maßnahmen bis hin zu einer Erstausstattung für eine eigene Wohnung die Maßregelvollzugseinrichtung aus dem Pflegesatz; gelegentlich ist es jedoch möglich, solche besonderen Ausgaben vom Kostenträger nachzufordern. In den Bundesländern, in denen das Ansparen einer Rücklage gesetzlich vorgesehen ist, kann diese bis auf einen kleinen Betrag als Starthilfe nach der Entlassung zur Deckung von Kosten im Rahmen der Entlassungsvorbereitungen eingesetzt werden. Dies entspricht den Regelungen des Strafvollzugsgesetzes (§ 51 StVollzG).

Günstige Bedingungen für die Vorbereitung von Entlassungen haben die Einrichtungen in all jenen Bundesländern, deren Maßregelvollzugs- oder Psychisch-Kranken-Gesetze relativ großzügige Beurlaubungsmöglichkeiten vorsehen. Hier besteht die Möglichkeit, dass der Patient vor seiner Entlassung mehr oder weniger lange Probebeurlaubungen in seinem zukünftigen Lebensraum verbringt, wobei die Schwachstellen der Entlassungssituation, etwa ein schlechter Gesprächskontakt zwischen dem Patienten und der ihn nachbehandelnden Person, deutlich werden und nachgebessert werden können. Solche Beurlaubungen zeigen aber auch die noch bestehenden Schwächen des Patienten, zum Beispiel zu große Passivität bei der anstehenden Arbeitssuche, und ermöglichen ein korrigierendes Eingreifen des Behandlungsteams. Im Idealfall besteht die Entlassung eines Patienten aus einem schlichten Verwaltungsakt innerhalb der Einrichtung, von dem der Patient, der bereits in seiner zukünftigen Umgebung lebt, telefonisch in Kenntnis gesetzt wird.

Die Entlassungsprognose

Die Prognosestellung ist im Maßregelvollzug ein zentrales Instrumentarium. Bereits bei der Anordnung einer Maßregel spielt sie eine Rolle in Form der Frage nach der weiteren Gefährlichkeit des Angeklagten und – insbesondere bei der Unterbringung in einer Entziehungsanstalt – nach der Aussicht auf einen Behandlungserfolg. Vor der Gewährung der verschiedenen Lockerungen sind jeweils Prognosestellungen erforderlich.

Eine bedeutende Rolle gewinnt die Prognose in dem Augenblick, in dem es um die Entlassung eines Patienten aus dem Maßregelvollzug geht.

Dabei besteht kein grundlegender Unterschied, ob das Behandlungsteam sich für die anstehende Stellungnahme zur nächsten Überprüfung gemäß § 67e StGB Gedanken macht oder ob ein von der Strafvollstreckungskammer in Auftrag gegebenes Prognosegutachten entsprechend dem Gesetz zur Bekämpfung von Sexualdelikten und anderen gefährlichen Straftaten erstellt wird. Die Fragestellung von Seiten der Justiz geht ausschließlich dahin, ob von dem Patienten im Fall einer Entlassung auf Grund seiner psychischen Erkrankung oder Störung weitere rechtswidrige Taten zu erwarten sind. Die Maßregelvollzugseinrichtung bzw. der Gutachter bezieht weitere Aspekte ein und erarbeitet damit zugleich die Antwort auf die Frage der Justiz.

Dabei kann die Frage nach der so genannten Legalbewährung niemals mit Sicherheit mit Ja oder Nein beantwortet werden, sondern immer nur mit größerer oder geringerer Wahrscheinlichkeit. Die Fragestellung an Prognosegutachten, ob keine Gefahr weiterer Straftaten mehr besteht (§ 454 Abs. 3 StPO), geht also an den tatsächlichen Vorhersagemöglichkeiten vorbei.

Der Prognoseentscheidung stellen **Schwierigkeiten der Prognosestellung** sich mehrere Schwierigkeiten in den Weg. Grundsätzlich ist menschliches Verhalten schwer vorhersagbar, und zwar umso schwerer, je seltener dieses Verhalten auftritt. Selbst bei einem vielfachen Wiederholungstäter aber sind Straftaten – statistisch gesehen – seltene Verhaltensweisen. Prognosen können immer nur für einen befristeten Zeitraum gestellt werden und sind umso sicherer, je kürzer dieser Zeitraum ist. Die Entlassungsprognose sollte mindestens für den Zeitraum der Bewährung bzw. Führungsaufsicht gelten, also zwischen zwei und fünf Jahren; es handelt sich damit um eine mittel- bis längerfristige Prognose. Von großer Bedeutung sind für die Entlassungsprognose die zukünftigen Rahmenbedingungen, unter denen der Patient leben wird und die als Auslöser von Verhalten eine wichtige Rolle spielen. Ohne ihre Kenntnis ist eine Prognosestellung unmöglich und einschneidende Veränderungen dieser Rahmenbedingungen können die gestellte Prognose ungültig machen.

Ein weiterer, methodisch bedingter Grund, der das Stellen von Prognosen in juristischen Verfahren allgemein so schwierig macht, ist die weitgehend fehlende Möglichkeit zur Validitätskontrolle. Eine systematische Rückmeldung über die Richtigkeit der abgegebenen Prognosen gibt es nicht. Man kann davon ausgehen, dass die fälschlicherweise positiv Beurteilten, also jene Begutachteten, die sich trotz günstiger Prognose nicht bewähren, zum großen Teil durch Bewährungswiderrufe oder neue Gerichtsverfahren bekannt werden. Von den richtigerweise positiv Beurteilten, also denen, die sich entsprechend der gestellten Prognose bewähren, wird man allenfalls zufällig etwas hören. Alle, denen eine negative Prognose gestellt wird, erhalten keine Möglichkeit zur Bewährung, sodass es keinerlei Kontrolle gibt, ob die negative Einschätzung zu Recht oder zu Unrecht erfolgte.

Es gibt mehrere Methoden der Prognose- **Methoden der Prognosestellung** stellung:

- die intuitive, die auf Allgemeinwissen und Erfahrung basiert;
- die statistische, die auf hohen Korrelationen zwischen neuen Straftaten und als für die Prognose wichtig erkannten oder eingeschätzten Variablen basiert – sie liegt allen Prognosetafeln und -inventaren zu Grunde, wobei natürlich die Schwierigkeit der Auswahl der aussagekräftigsten Prognosevariablen besteht;
- die klinische, die eine Extrapolierung des Ist-Zustandes in die Zukunft unter Einbeziehung des Wissens über die Vorgeschichte und unter Berücksichtigung der zukünftigen Rahmenbedingungen darstellt.

In der Praxis wird meist keine dieser Methoden in Reinform verwendet, sondern Mischformen aus ihnen. In der Justiz beispielsweise wird man eher der intuitiven Methode der Prognosestellung begegnen, in der Psychiatrie herrscht die klinische vor. In den letzten rund fünfzehn Jahren hat sich zudem die Betrachtung von Beurteilungsbereichen an Stelle von Einzelvariablen durchgesetzt, über die jeweils alle relevanten Informationen zusammengetragen werden. Allgemein anerkannt ist die folgende, beispielsweise von W. Rasch vertretene Unterteilung.

Hiernach ist der erste Beurteilungsbereich die *Kriminalanamnese*. **Beurteilungsbereiche** Dabei spielen Art und Häufigkeit der Vordelinquenz sowie die Entstehungsbedingungen der Straftaten eine Rolle. Ein wesentlicher Faktor ist auch die Einstellung des Patienten zu seinen Straftaten sowie die Auseinandersetzung mit ihnen. Nicht unwichtig für die Prognosestellung ist die so genannte Basisrate, also die allgemeine statistische Wahrscheinlichkeit für das Auftreten bestimmter Straftaten; Diebstahlsdelikte haben zum Beispiel eine wesentlich höhere Basisrate als Totschlag.

Der zweite Beurteilungsbereich sind *Persönlichkeit und psychische Erkrankung*. Hier sind die Entstehungsbedingungen, die Ausprägung und die Entwicklung der psychischen Erkrankung oder Störung vor und im Verlauf der Unterbringung wichtig. Eine große Rolle für die Prognose spielen außerdem Faktoren wie Krankheitseinsicht, Therapiemotivation, die so genannte Compliance, also die beständige Mitarbeit bei der (medikamentösen) Therapie und der Nachbetreuung, sowie der Umgang mit weiter bestehenden Beeinträchtigungen.

Der dritte Beurteilungsbereich ist der *Verlauf der Unterbringung* im Maßregelvollzug. Beurteilt werden etwa die Offenheit, die Fähigkeit zum Treffen und Einhalten von Absprachen, die therapeutische Mitarbeit und die erreichten Veränderungen. Von sehr großer Bedeutung sind aber auch der Umgang mit Regeln und eventuelle Verstöße dagegen, vor allem gröbere disziplinarische Auffälligkeiten im Verlauf der Unterbringung, und die Bewährung bei Lockerungen.

Als vierter und letzter Beurteilungsbereich ist die *Zukunftsperspektive* zu nennen. Dieser Punkt bezieht sich einerseits auf die Vorstellungen, die ein Patient von und für sein zukünftiges Leben hat. Sehr wichtig ist andererseits aber auch der konkrete »soziale Empfangsraum«, der den Patienten nach der Entlassung erwartet, also die Wohnsituation, Arbeit oder sonstige Maßnahmen zur Tagesstrukturierung, soziale Beziehungen und Nachbetreuung, die finanzielle Lage, Fähigkeiten und Möglichkeiten zur Freizeitgestaltung sowie eventuell vorhersehbare Verführungssituationen.

Wegen der größeren Übersichtlichkeit und schnelleren Bearbeitung geht in den letzten Jahren der Trend dahin, Beurteilungsbereiche, die sich bei der klinischen Prognosestellung bewährt haben, in Form von Prognoseinventarien anzubieten. Beispiele hierfür sind der HCR 20 zur Vorhersage von Gewalttaten allgemein und der SVR 20 zur Vorhersage von Gewalttaten im sexuellen Bereich (nach MÜLLER-ISBERNER u. a. 2000). Dabei ist der HCR 20 unterteilt in Fragen zu früheren Auffälligkeiten im Bereich Delinquenz und Persönlichkeitsentwicklung (**H**istorical Items), Fragen zu gegenwärtigen klinischen Auffälligkeiten (**C**linical Items) und Fragen zur Zukunftsperspektive (**R**isk Management Items). Im SVR 20 (**S**exual **V**iolence **R**isk) finden sich Items zur früheren und derzeitigen psychosozialen Anpassung, zur bisherigen Sexualdelinquenz und der aktuellen Einstellung dazu sowie ebenfalls Items zur Zukunftsperspektive. Die Verwendung solcher Prognoseinventarien kann hilfreich sein, um einen raschen Überblick zu bekommen und keinen wichtigen Punkt zu übersehen, ersetzt jedoch keinesfalls gründliche prognostische Überlegungen und Diskussionen.

Die Möglichkeiten der Entlassung

Es gibt drei Möglichkeiten, aus dem Maßregelvollzug entlassen zu werden. Die häufigste Form ist die bei Unterbringungen gemäß § 63 StGB wie § 64 StGB mögliche Entlassung auf Bewährung nach § 67d Abs. 2 StGB. Bei Unterbringungen gemäß § 64 StGB kommen hinzu die Beendigung der Unterbringung in einer Entziehungsanstalt nach § 67d Abs. 5 (ohne die vom Bundesverfassungsgericht als grundgesetzwidrig angesehene Festlegung auf eine Mindestunterbringungsdauer von einem Jahr) und die Entlassung mit Erreichen der Höchstfrist der Unterbringungsdauer nach § 67d Abs. 3 StGB.

Wenn die Maßregelvollzugseinrichtung der Ansicht ist, dass die Möglichkeiten der Behandlung im Maßregelvollzug ausgeschöpft sind und der Patient im Falle einer Entlassung voraussichtlich in der Lage sein wird, ein straftatenfreies Leben zu führen, teilt sie dies der vollstreckenden Staatsanwaltschaft mit, entweder in der Stellungnahme zur nächsten Überprüfung gemäß § 67e StGB oder – wenn eine solche in absehbarer Zeit nicht ansteht – auch in einem gesonderten Schreiben, wobei eine Begründung dieser Einschätzung natürlich sinnvoll ist. Der Patient hat auch selbst die Möglichkeit, seine Entlassung zu beantragen, jedoch wird in diesem Fall die vollstreckende Staatsanwaltschaft die Einschätzung der Maßregelvollzugseinrichtung einholen, bevor sie tätig wird.

Grundsätzlich kann die vollstreckende Staatsanwaltschaft auch von sich aus die Entlassung eines Patienten aus dem Maßregelvollzug beantragen, jedoch kommt dies sehr selten vor. In jedem Fall legt sie die Akten des Patienten der zuständigen Strafvollstreckungskammer vor mit der Bitte um Überprüfung. Daraufhin hört die Strafvollstreckungskammer den Patienten an, um sich selbst ein Bild von seinem Zustand zu machen. Bei dieser Anhörung ist es besonders wichtig, dass der Bezugstherapeut des Patienten oder ein anderer mit ihm therapeutisch befasster Mitarbeiter und gegebenenfalls der Leiter der Maßregelvollzugseinrichtung anwesend sind und ihre Entlassungsempfehlung begründen.

Neben dem Abschluss der Behandlung mit positivem Ergebnis können noch andere Gründe dazu führen, dass eine Bewährungsentlassung aus dem Maßregelvollzug ins Auge gefasst wird. Es kann sich – meist bereits nach nicht allzu langem Verlauf der Unterbringung – herausstellen, dass die vom Untergebrachten ausgehende Gefährlichkeit bei der Begutachtung und im Urteil falsch eingeschätzt wurde und für eine weitere Unterbringung nicht ausreichend ist. Bei der Unterbringung in einem psychiatrischen Krankenhaus kann durch langjährige Unterbringungsdauer und damit zunehmendes Alter des Patienten die Erkrankung soweit an Dynamik verloren haben, dass keine Gefährlichkeit mehr besteht. Ein juristischer Grund für eine Bewährungsentlassung kann in der Verhältnismäßigkeit zwischen der Dauer der laufenden Unterbringung und der Straftat, die zur Anordnung dieser Unterbringung geführt hatte, liegen. Eigentumsdelikte ohne Gewaltanwendung beispielsweise dürften im Regelfall keine Unterbringungsdauer von mehr als fünf Jahren rechtfertigen.

Kommt die Strafvollstreckungskammer aus einem der genannten Gründe und ihrem Eindruck vom Patienten bei der Anhörung zu der Ansicht, dass er auf Bewährung entlassen werden sollte, muss sie auf Grund des Gesetzes zur Bekämpfung von Sexualdelikten und anderen gefährlichen Straftaten aus dem Jahre 1998 eine Prognosebegutachtung in Auftrag geben. Diese Begutachtung wird entweder durch einen externen Gutachter durchgeführt oder in einem Teil der Bundesländer bei Fällen von nicht allzu großer Tragweite auch von einem Gutachter aus der Maßregelvollzugseinrichtung, in der der Patient untergebracht ist. Dabei ist zu empfehlen, dass das Gutachten nicht von einem Arzt oder Psychologen erstellt wird, der direkt in die Behandlung des Patienten eingebunden ist, sondern von einem Mitarbeiter, der etwas mehr Distanz zum Patienten hat. ⤵ **Begutachtung, Seite 42**

Das zu erstellende schriftliche Gutachten entspricht formal dem für die Hauptverhandlung, jedoch mit anderer Fragestellung. Die Strafvollstreckungskammer ordnet dem Patienten, wenn er nicht selbst einen Verteidiger beauftragt hat, für das Entlassungsverfahren in der Regel einen Rechtsanwalt bei.

Nach Vorliegen des Prognosegutachtens erfolgt eine erneute Anhörung des Patienten durch die Strafvollstreckungskammer, in der das Gutachten meist in Anwesenheit des Sachverständigen erörtert wird. Danach trifft die Strafvollstreckungskammer ihre Entscheidung, ob der Vollzug der Maßregel zur Bewährung ausgesetzt werden kann. Dieser wird sowohl dem Patienten als auch der Staatsanwaltschaft in Form eines Beschlusses schriftlich mitgeteilt; die Maßregelvollzugseinrichtung erhält ein Exemplar dieses Beschlusses zur Kenntnis.

Sowohl der Patient als auch die Staatsanwaltschaft haben vom Zustellungstermin an eine Woche lang Gelegenheit, sofortige Beschwerde gegen den Beschluss einzulegen – eine mitgeschickte Rechtsmittelbelehrung informiert den Patienten über die dazu notwendigen Schritte. Legt eine der beiden Parteien Rechtsmittel ein, wird der Beschluss nicht rechtskräftig, und das Oberlandesgericht muss den Fall prüfen und einen neuen Beschluss fassen. Dieser kann in einer abweichenden Entscheidung bestehen, aber auch darin, dass die sofortige Beschwerde als unbegründet verworfen wird. Die Zustellung dieses Beschlusses erfolgt an dieselben Beteiligten wie beim Beschluss der Strafvollstreckungskammer, jedoch ist dagegen kein Rechtsmittel mehr möglich.

Wird gegen den Beschluss der Stafvollstreckungskammer kein Rechtsmittel eingelegt, dann wird er eine Woche nach Zustellung rechtskräftig. Dabei ist zu berücksichtigen, dass die vollstreckende Staatsanwaltschaft wegen der mitzuschickenden Akten den Beschluss meist einige Tage später erhält als der Patient, sodass dieser etwas länger als eine Woche auf die Rechtskraft des Beschlusses und damit seine Entlassung warten muss. Bei nach Jugendrecht Verurteilten gilt die bekannte Abweichung, dass nicht die Strafvollstreckungskammer, sondern der Vollstreckungsleiter, also ein Jugendrichter am Amtsgericht, für die Entlassungsentscheidung zuständig ist. Die Beschwerdeinstanz ist in diesem Fall das zuständige Landgericht.

In dem Moment, in dem ein Entlassungsbeschluss der Strafvollstreckungskammer oder des Beschwerdegerichts rechtskräftig wird, fehlt jede Rechtsgrundlage dafür, dass der Patient weiterhin im Maßregelvollzug verbleibt. Erfolgt nicht sofort seine Entlassung, macht man sich der Freiheitsberaubung schuldig. Für eine Verlegung in den Strafvollzug gilt grundsätzlich dasselbe, jedoch ist hier der Zeitpunkt nicht von so entscheidender Bedeutung, weil sowohl Straf- als auch Maßregelvollzug Freiheitsentzug bedeuten. Allerdings kann die Maßregelvollzugseinrichtung erst dann tätig werden, wenn sie über die Rechtskraft des Entlassungsbeschlusses informiert ist.

An sich ist es Aufgabe der Strafvollstreckungskammer, die Rechtskraft des Beschlusses umgehend der Maßregelvollzugseinrichtung und der vollstreckenden Staatsanwaltschaft mitzuteilen. Dies funktioniert jedoch oft nicht zeitgerecht. Deshalb ist dringend anzuraten, sich aktiv um diese Frage zu kümmern, am besten indem man vorab den zuständigen Sachbearbeiter bei der Strafvollstreckungskammer auf die Problematik aufmerksam macht und in engem telefonischem Kontakt mit ihm bleibt.

Auch die vollstreckende Staatsanwaltschaft muss über die Rechtskraft des Entlassungsbeschlusses informiert werden, damit sie der Maßregelvollzugseinrichtung eine Entlassungsanordnung zukommen lassen oder – bei Verlegung des Patienten in den Strafvollzug – dort einen Platz und in Absprache mit der Einrichtung den Transport organisieren kann.

Analog zu dem geschilderten Ablauf ist das Verfahren, wenn bei einem gemäß § 64 StGB untergebrachten Patienten die Maßregel beendet werden soll, weil ein Behandlungserfolg aus Gründen, die in der Person des Patienten liegen, nicht erreichbar erscheint. Da in diesen Fällen jedoch in aller Regel von einer weiterbestehenden Gefahr neuer Straftaten auszugehen ist, entfallen die Prognosebegutachtung und die zweite Anhörung mit Erörterung des Gutachtens. Die Entlassung erfolgt in der Mehrzahl der Fälle nicht in die Freiheit, sondern in den Strafvollzug und macht die geschilderte Vorbereitung der Verlegung dorthin erforderlich.

Sowohl im Falle der Bewährungsentlassung als auch im **Führungsaufsich** Falle der Beendigung der Maßregel, also immer dann, wenn sie nicht bis zur Höchstfrist vollzogen wurde, tritt nach § 67d Abs. 2 bzw. Abs. 5 StGB *Führungsaufsicht* ein. Dies ist im Beschluss der Strafvollstreckungskammer bzw. des Beschwerdegerichts vermerkt. Ebenso können dort Weisungen erteilt, zum Beispiel der Aufenthaltsort nach der Entlassung in einem Heim festgelegt, die Mitteilung von Wohnungs- und Arbeitsplatzwechseln angeordnet und vor allen Dingen Nachbetreuungsmaßnahmen festgeschrieben werden. Meistens wird die Maßregelvollzugseinrichtung mit der Belehrung des Patienten über diese Weisungen beauftragt. Das bedeutet, dass man den Beschluss und insbesondere die Weisungen genau mit dem Patienten durchsprechen und auch dokumentieren muss, dass man dies getan hat – zur Absicherung kann man sich vom Patienten schriftlich bestätigen lassen, dass die vorgeschriebene Belehrung stattfand.

Anders verhält es sich, wenn die Unterbringung **Entlassung mit Höchstfrist** in einer Entziehungsanstalt mit Erreichen der Höchstfrist endet. Hierzu kommt es vor allem, wenn eine fehlende, zur Bewährung ausgesetzte oder kurze Strafe und eine lange Behandlungsdauer auf Grund von Rückfällen oder sonstigen Komplikationen zusammentreffen. Gelegentlich wird diese Entlassungsart ebenfalls gewählt, wenn bei einem Patienten weder eine wirklich gute Prognose mit der Folge des aktiven Betreibens der Bewährungsentlassung noch eine wirklich schlechte Prognose mit der Folge der Anregung, die Maßregel zu beenden, gestellt werden kann.

In diesem Fall erweist sich eine eigene Berechnung der Unterbringungszeit als besonders wichtig, um die Höchstfrist bei der zeitlichen Planung der Behandlung berücksichtigen zu können. Bei der Entlassung mit Erreichen der Höchstfrist gibt es keine besondere Überprüfung durch die Strafvollstreckungskammer und keinen Beschluss mehr, sondern man muss sich nur rechtzeitig darum kümmern, von der vollstreckenden Staatsanwaltschaft den genauen Termin der Höchstfrist zu erfahren. Meistens wird von dort gleichzeitig die Entlassung des Patienten zu diesem Termin angeordnet. An exakt diesem Tag erfolgt dann die Entlassung, sie ist also gut vorauszuplanen. Führungsaufsicht tritt in diesem Fall nicht automatisch ein, kann jedoch von der Strafvollstreckungskam-

mer auf Antrag der vollstreckenden Staatsanwaltschaft unter bestimmten Bedingungen nach § 68f StGB dennoch angeordnet werden.

Da es keinen Sinn macht, wenn ein Patient nach erfolg- **Restfreiheitsstrafen**
reich absolvierter Therapie und Rehabilitation in den Strafvollzug verlegt wird, ist anzustreben, dass zugleich mit der Aussetzung der Maßregel
auf Bewährung eine eventuelle Restfreiheitsstrafe ebenfalls zur Bewährung ausgesetzt wird. Eine solche Aussetzung einer Reststrafe ist nach
§ 67 Abs. 5 StGB bei Vorliegen bestimmter Voraussetzungen ab Verbüßung der Hälfte der Strafe möglich. Dies müssen sowohl die Maßregelvollzugseinrichtung als auch der Patient bei der Anregung bzw. dem Antrag auf Entlassung berücksichtigen.

Der Zeitpunkt dafür sollte so gewählt werden, dass unter Anrechnung
von Untersuchungshaft, eventuell verbüßter Strafhaft und Maßregelvollzug mindestens die Hälfte der Parallelstrafe »erledigt« ist, sonst ist nur
eine Entlassung in den Strafvollzug möglich. Auch wenn ein Patient mit
Erreichen der Höchstfrist entlassen wird, ist daran zu denken, dass er die
Aussetzung einer eventuell noch offenen Restfreiheitsstrafe zur Bewährung so rechtzeitig vor dem Höchstfristtermin beantragen muss, dass
vorher noch darüber entschieden werden kann. Andernfalls kann es passieren, dass ihn die vollstreckende Staatsanwaltschaft mit der Entlassung
aus dem Maßregelvollzug zur Verbüßung seiner restlichen Freiheitsstrafe
in eine Justizvollzugsanstalt lädt.

Bei manchen Patienten sind noch Restdrittel aus Freiheitsstrafen aus anderen Verfahren offen, deren Verbüßung vom Erfolg des Maßregelvollzugs abhängig gemacht wird. Auch hier ist vor einer ins Auge gefassten
Entlassung daran zu denken, dass *rechtzeitig* ihre Aussetzung zur Bewährung beantragt wird, auch wenn es an sich von Amts wegen Aufgabe
der Strafvollstreckungskammer ist, über die Aussetzung aller noch offenen Strafreste zugleich zu entscheiden.

Ist bei der Entlassung eines Patienten aus dem Maßregelvollzug noch
eine Freiheitsstrafe aus einem anderen Verfahren zu verbüßen, die noch

nicht wenigstens zur Hälfte vollstreckt ist, würde aber eine anschließende Strafverbüßung die bisherigen Rehabilitationsbemühungen erheblich gefährden oder sogar zunichte machen, etwa durch den absehbaren Verlust einer Arbeitsstelle, dann sollte der Patient bei der vollstreckenden Staatsanwaltschaft das *Gnadengesuch* stellen, die Strafvollstreckung zur Bewährung auszusetzen. Gleichzeitig sollte man sich darum bemühen, dass die Staatsanwaltschaft die Vollstreckung bis zur Entscheidung darüber zurückstellt. Über das Gnadengesuch entscheidet der Justizminister des betreffenden Bundeslandes oder die Stelle, an die er diese Aufgabe delegiert hat. Der Ausgang ist ungewiss.

Die Unterbrechung des Maßregelvollzugs

Ein vorübergehendes Verlassen des Maßregelvollzugs auf legalem Weg ist die Unterbrechung. Diese kann auf zwei verschiedene Arten zustande kommen.

Die erste ist, dass die Strafvollstre- **Umkehr der Vollstreckungsreihenfolge**
ckungskammer nach § 67 Abs. 2 und 3 StGB eine so genannte Umkehr der Vollstreckungsreihenfolge anordnet. Das bedeutet, dass der Patient zunächst in den Strafvollzug wechselt und dort seine Parallelstrafe ganz oder teilweise verbüßt. Erst danach kehrt er in den Maßregelvollzug zurück. Diese Umkehr der Vollstreckungsreihenfolge erfolgt meist dann, wenn ein Patient im Maßregelvollzug nicht in der gewünschten Weise mitarbeitet und aus irgendwelchen Gründen zu erwarten ist, dass sich dies nach einem zwischenzeitlichen Aufenthalt in der Justizvollzugsanstalt bessert. Das ist zum einen vorstellbar bei Patienten, die noch keine Erfahrung mit dem Strafvollzug haben und die gesamten im Urteil ausgesprochenen Rechtsfolgen ihrer Straftat(en) nicht recht ernst nehmen. Zum anderen kommt es vor, dass sich zum Beispiel durch wiederholtes Fehlverhalten des Patienten eine so verfahrene therapeutische Situation ergeben hat, dass im Moment kein Neuanfang mehr zu finden ist. In die-

sem Fall kann eine »Auszeit« des Patienten in einer Justizvollzugsanstalt ein Ausweg sein. Bei Patienten, die einfach eine unzureichende Behandlungsmotivation, aber auch bereits Hafterfahrung haben, ist eine motivierende Wirkung des Strafvollzugs eher unwahrscheinlich.

Bei gemäß § 64 StGB untergebrachten Patienten wäre es sinnvoll, den Maßregelvollzug zu einem relativ frühen Zeitpunkt zu unterbrechen und einen Teil der Parallelstrafe zu vollstrecken, wenn diese sehr hoch ist, etwa von fünf Jahren an aufwärts. Danach stünde dann für die eigentliche Behandlung ein zeitlicher Rahmen zur Verfügung, der die Einleitung der Rehabilitation nach einer sinnvollen Behandlungsdauer ermögliche. Die Strafvollstreckungskammern sehen aber oft keine Möglichkeit zu einer solchen Entscheidung, vor allem dann nicht, wenn der Patient im Maßregelvollzug verbleiben möchte und dort auch mitarbeitet. Sie weisen dann darauf hin, dass nicht Fehlverhalten oder mangelnde Motivation des Patienten Hintergrund für diese Umkehr der Vollstreckungsreihenfolge sei und dass sie daher keine Möglichkeit sähen, von der gesetzlich vorgesehenen Vollstreckungsreihenfolge abzuweichen.

Die zweite Art der Unterbrechung des Maßregelvollzugs kann dann sinnvoll sein, wenn der Patient noch Freiheitsstrafen aus anderen Verfahren zu verbüßen hat, die nicht durch Anrechnung des Maßregelvollzugs abgegolten werden können und bei denen keine Chance auf eine Bewährungsaussetzung besteht. Das kann dadurch zustande kommen, dass die Staatsanwaltschaft ohne Berücksichtigung der Konsequenzen die Vollstreckung dieser Strafen hinter den Vollzug der Maßregel zurückgestellt hat. Häufiger führt aber die erneute Verurteilung, bei der die Maßregel angeordnet wurde, zum Widerruf der Bewährungsaussetzung bei älteren Haftstrafen, während sich der Patient schon im Maßregelvollzug befindet.

Zunächst sollte man immer abklären, ob die Möglichkeit besteht, dass diese Strafen bei günstigem Ergebnis des Maßregelvollzugs nochmals zur Bewährung ausgesetzt werden können, was bei kleineren Strafresten oft der Fall ist. Besteht eine solche Aussicht jedoch nicht, ergibt sich die Situation, dass auf den Patienten nach Abschluss des Maßregelvollzugs mit Sicherheit noch Strafhaft wartet. Dies stellt den Sinn der Behandlung zumindest in Frage und macht alle Wiedereingliederungsbemühungen sinnlos. Deshalb kann sich in solchen Fällen eine Unterbrechung des Maßregelvollzugs zur Vollstreckung eines so großen Teils der offenen Freiheitsstrafe(n) empfehlen, dass der Rest zur Bewährung ausgesetzt werden kann.

Die Entscheidung, eine solche Unterbrechung des Maßregelvollzugs anzuregen, sollte immer in Absprache und – wenn irgend möglich – im Einvernehmen mit dem Patienten gefällt werden. Dieses ist nach eingehender Diskussion der bestehenden Möglichkeiten und Schwierigkeiten relativ oft zu erreichen. Danach sollte man das Problem dem zuständigen Rechtspfleger bei der vollstreckenden Staatsanwaltschaft zunächst am besten mündlich vortragen und erst dann eine entsprechende schriftliche Anregung formulieren. Die Strafvollstreckungskammer ist bei diesem Vorgang nicht beteiligt; die Unterbrechung der Maßregel zur Vollstreckung einer Strafe aus einem anderen Verfahren ist eine vollstreckungstechnische Maßnahme und damit Aufgabe der vollstreckenden Staatsanwaltschaft.

Befand sich der Patient zum Zeitpunkt der Unterbrechung des Maßregelvollzugs nicht erst ganz am Anfang seiner Behandlung und hat er bis dahin motiviert mitgearbeitet, sollte man versuchen, den Kontakt mit ihm bis zur Wiederaufnahme in den Maßregelvollzug zu halten. Dies kann durch Briefe geschehen, gegebenenfalls auch durch einen Besuch des Sozialdienstes in der Justizvollzugsanstalt. In einzelnen Fällen ist eine Vereinbarung mit dem Patienten sinnvoll, dass er bei Erfüllung bestimmter Bedingungen, zum Beispiel regelmäßigem Nachweis von Suchtmittelfreiheit während des Strafvollzugs, bei Rückkehr in den Maßregelvollzug die Eingangsstufen überspringen oder verkürzt durchlaufen kann. Es ist hilfreich, dem Patienten in einem solchen Fall einen

Brief an die Justizvollzugsanstalt mitzugeben, in dem die Vereinbarung erläutert und um Unterstützung bei ihrer Umsetzung gebeten wird. Die Kooperationsbereitschaft der Justizvollzugsanstalten darf man durchaus voraussetzen.

Die Bewährungszeit

Wenn der Patient im Rahmen der Entlassung den Weg von der Maßregelvollzugseinrichtung in sein neues Lebensumfeld zurücklegt, sollte er von einem Mitarbeiter der Maßregelvollzugseinrichtung dort hingebracht werden. Dies ermöglicht es dem Patienten einerseits, seine gesamte, während der Unterbringung im Maßregelvollzug meist beträchtlich angewachsene Habe mitzunehmen, andererseits ist es ein nicht unwichtiger symbolischer Akt, mit dem der Patient in einen neuen Lebensabschnitt übergeben wird.

Nach der Entlassung eines Patienten aus dem Maßregelvollzug ist seine Krankenakte abzuschließen. Dies geschieht entweder durch einen Arztbrief, den die weiterbehandelnde Person oder Institution mit Einverständnis des Patienten zugeschickt bekommt oder anfordern kann, oder – wenn eine Weiterbehandlung nicht vorgesehen oder unklar ist – durch eine ausführliche Epikrise, die bei eventuellen späteren Anfragen Verwendung finden kann. Außerdem muss eine Entlassungsmitteilung an all diejenigen Stellen erfolgen, die auch eine Aufnahmemitteilung erhalten hatten, eventuell zusätzlich an die Führungsaufsichtsstelle. Dann sind die verschiedenen Handakten und Teile der Dokumentation zusammen zu archivieren. Diese Maßnahmen sind bei jeder Form der Entlassung aus dem Maßregelvollzug erforderlich, auch dann, wenn der Patient in den Strafvollzug verlegt wird.

Der aus dem Maßregelvollzug entlassene Patient steht – von wenigen Ausnahmen bei Entlassung mit Erreichen der Höchstfrist abgesehen – unter *Führungsaufsicht* und parallel dazu unter *Bewährung*. Grundsätzliche Voraussetzung für die Aussetzung der Strafe und der Maßregel auf

Bewährung ist eine günstige Sozialprognose. Führungsaufsicht ist dagegen der Versuch, auch Straftätern mit zweifelhafter oder schlechter Prognose eine Hilfe für den Übergang von der Freiheitsentziehung in die Freiheit zu geben – bei aus dem Maßregelvollzug entlassenen Patienten ist sie auch gesetzlich vorgesehen.

Führungsaufsicht und Bewährungshilfe werden von **Bewährungshelfer** demselben Bewährungshelfer ausgeübt, der allerdings seinerseits mit zwei unterschiedlichen Stellen zusammenarbeiten muss, nämlich der Führungsaufsichtsstelle einerseits und der aussetzenden Strafvollstreckungskammer andererseits. Der Patient erhält seinen Bewährungshelfer entweder namentlich durch die Strafvollstreckungskammer zugeordnet oder auf Grund örtlicher oder alphabetischer Zuständigkeit bei der Bewährungshilfe. Eine Wahlmöglichkeit besteht hier nicht. Der Bewährungshelfer wird von der Führungsaufsichtsstelle und gegebenenfalls der Vollstreckungskammer über die Entlassung des Patienten informiert und lädt diesen dann meist schriftlich zu einem ersten Gespräch ein, ein Vorgang, der im ungünstigen Fall einige Monate dauern kann. Damit bereits in der schwierigen ersten Phase nach der Entlassung die nötige Unterstützung und Kontrolle gewährleistet ist, ist es dringend zu empfehlen, den Kontakt zwischen Bewährungshelfer und Patient bereits vor der Entlassung zu knüpfen.

Zumindest formal ist der Bewährungshelfer während der Zeit der Führungsaufsicht und Bewährung *die* zentrale Hilfs- und Kontrollperson, auch wenn der Patient zu einem anderen Gesprächspartner, etwa seinem Suchtberater, eine engere Beziehung aufbauen mag. Üblicherweise pflegen Bewährungshelfer zu gerade Entlassenen zunächst einen recht engen Kontakt mit wöchentlichen oder vierzehntägigen Gesprächen und gelegentlichen Hausbesuchen, um einerseits als Ansprechpartner bei Problemen präsent zu sein und sich andererseits ein Bild von den Fähigkeiten und Schwächen des Entlassenen zu machen. Wenn sich herausstellt, dass dieser recht gut zurechtkommt oder dass seine Unterstützung weitgehend von einer anderen Person, beispielsweise dem Sozialarbeiter im Heim oder auch einem Familienangehörigen, gewährleistet wird, lockert der Bewährungshelfer den Kontakt bis hin zu Gesprächen in etwa vierwöchigem Rhythmus.

Sowohl für die Führungsaufsicht als **Konsequenzen von Fehlverhalten** auch für die Bewährung existiert nach § 68 c bzw. § 56 a StGB ein Zeitrahmen zwischen mindestens zwei und höchstens fünf Jahren, wobei für die Führungsaufsicht gesetzlich fünf Jahre als Regeldauer festgelegt sind. Die Dauer im konkreten Fall legt die Strafvollstreckungskammer im Entlassungsbeschluss fest. Der Bewährungshelfer hat während dieser Zeit regelmäßig, d.h. etwa alle sechs bis neun Monate, über den unter Führungsaufsicht oder Bewährung Stehenden zu berichten, zusätzlich selbstverständlich bei akut auftretenden Problemen. Falls der Entlassene eine neue Straftat begeht, immer wieder gegen ihm erteilte Weisungen verstößt oder sich ständig der Aufsicht des Bewährungshelfers entzieht und sich daraus ergibt, dass die erneute Unterbringung erforderlich ist, dann kann gemäß § 67g StGB die Aussetzung der Maßregel und gegebenenfalls der Restfreiheitsstrafe von der Strafvollstreckungskammer widerrufen werden. Als mildere Maßnahme kann die Kammer während der Bewährungszeit zusätzliche Weisungen erteilen oder auch die Bewährungszeit verlängern.

Im Rahmen der Führungsaufsicht ist der Verstoß gegen erteilte Weisungen eine neue Straftat und kann auf Antrag der Führungsaufsichtsstelle verfolgt und gemäß § 145a StGB mit Geldstrafe oder Freiheitsstrafe bis zu einem Jahr bestraft werden. Kommt der entlassene Patient jedoch nach der Entlassung gut zurecht, ist auch eine Verkürzung der Führungsaufsicht bzw. der Bewährungszeit möglich, die dann von der Strafvollstreckungskammer beschlossen wird. Die Mindestdauer von zwei Jahren kann jedoch nicht unterschritten werden.

In einem Teil der Maßregelvollzugs- oder **Begleitung nach der Entlassung** Psychisch-Kranken-Gesetze der einzelnen Bundesländer ist festgelegt, dass die Maßregelvollzugseinrichtung den Personen oder Institutionen, die einen entlassenen Patienten weiter betreuen, auch über die Entlassung hinaus beratend zur Seite zu stehen hat. Auch wo dies nicht gesetzlich festgelegt ist, wird die Einrichtung dazu sicher bereit sein, wenn dadurch die Chance steigt, dass der entlassene Patient sich in der Freiheit zurechtfindet. Unter dem Aspekt der Schweigepflicht sollte man sich allerdings versichern, dass der Patient mit dieser Kooperation einverstanden ist.

Entlassene Patienten halten vor allem in der ersten Zeit nach der Entlassung sehr oft noch brieflich oder telefonisch Kontakt zu ihren vertrauten Bezugspersonen im Maßregelvollzug. Auch bei auftretenden Schwierigkeiten wenden sie sich häufig noch an sie. So sehr dies ein Vertrauensbeweis ist, über den sich jedes Teammitglied freuen wird, muss man sich doch sorgfältig überlegen, wie man damit umgeht. Ist das Problem durch eine kurze Beratung aus der Welt zu schaffen, sollte man diese auch gewähren. Ansonsten sollte der Patient aber von der Maßregelvollzugseinrichtung »abgenabelt« und fester in seine neue Betreuungsstruktur eingebunden werden. Er sollte deshalb freundlich, aber bestimmt auf die Hilfemöglichkeiten außerhalb des Maßregelvollzugs verwiesen werden. Als Hilfe kann man anbieten, den Ansprechpartner vor Ort schon einmal telefonisch vorzuinformieren.

Manchmal ist es sinnvoll, den Patienten dahingehend zu motivieren, dass er sich um eine stationäre Behandlung auf freiwilliger Basis bemüht, etwa um eine Entgiftung bei einem rückfällig gewordenen Suchtkranken. Ist die Maßregelvollzugseinrichtung Teil eines psychiatrischen Krankenhauses, kann es günstig sein, dem entlassenen Patienten dort einen Behandlungsplatz anzubieten, weil ein solches Angebot oft eher angenommen wird als die Einweisung in eine noch unbekannte Klinik am neuen Wohnort. ⌐**Nachbetreuung, Seiten 73, 118, 125**

In Schwierigkeiten können die Mitarbeiter der Maßregelvollzugseinrichtung dann kommen, wenn ein entlassener Patient ihnen von begangenen neuen Straftaten oder Gedanken daran erzählt. Hier muss man dem Patienten klar sagen, dass keine Schweigepflicht mehr besteht, sondern je nach Schwere der Straftat sogar die Pflicht, diese Informationen weiterzugeben. Man sollte in einem solchen Fall unbedingt darauf hinarbeiten, dass der Patient selbst mit dem Bewährungshelfer oder auch der Polizei spricht, damit Schlimmeres verhütet wird. Erfährt man von geplanten schweren Straftaten, macht man sich gemäß § 138 StGB sogar strafbar, wenn man keine Anzeige erstattet.

In vielen Fällen wäre es günstig, wenn die Maßregelvollzugseinrichtungen die Möglichkeit hätten, entlassene Patienten im Rahmen einer forensischen Ambulanz nachzubetreuen, da sie auf Grund ihrer Erfahrungen mit den besonderen Schwierigkeiten, die im Umgang mit dieser Klientel auftreten können, am besten vertraut sind. Dabei müsste unbedingt die Möglichkeit der aufsuchenden Nachsorge in Form von Hausbesuchen bestehen. Leider scheitert gerade eine solche ambulante Nachbetreuung bisher an der Bereitstellung von Geldern über die Unterbringung der Patienten im Maßregelvollzug hinaus. Bei den wenigen bestehenden Ansätzen, zum Beispiel in Bayern, handelt es sich noch um Modellprojekte.

Literaturhinweise

Deutscher Bundestag (Drucksache 7/4200) (1975): Bericht über die Lage der Psychiatrie in der Bundesrepublik Deutschland – Zur psychiatrischen und psychotherapeutischen/psychosomatischen Versorgung der Bevölkerung. Bonn.

DILLING, H. u. a. (Hg.) (1991): Internationale Klassifikation psychischer Störungen ICD-10. Bern u. a.

GRÜNEBAUM, R. (1996): Zur Strafbarkeit des Therapeuten im Maßregelvollzug bei fehlgeschlagenen Lockerungen. Frankfurt/M.

KRÖBER, H.-L.; STELLER, M. (Hg.) (2000): Psychologische Begutachtung im Strafverfahren. Wiesbaden.

LINEHAN, M. (1996): Dialektisch-behaviorale Therapie der Borderline-Persönlichkeitsstörungen. München.

MELZER, K. (2001): Psychisch kranke Straftäterinnen. Frankfurt/M.

MÜLLER-ISBERNER, R. u. a. (1998): Die Vorhersage von Gewalttaten mit dem HCR 20. Haina (Institut für Forensische Psychiatrie Haina).

MÜLLER-ISBERNER, R. u. a. (2000): Die Vorhersage sexueller Gewalttaten mit dem SVR 20. Haina (Institut für Forensische Psychiatrie Haina).

NEDOPIL, N. (2000): Forensische Psychiatrie. Stuttgart.

RASCH, W. (1999): Forensische Psychiatrie. Stuttgart.

SASS, H. u. a. (1999): Handbuch der Differentialdiagnosen DSM-IV. Göttingen u. a.

STOLPMANN, G. (2001): Psychiatrische Maßregelbehandlung. Göttingen u. a.

VENZLAFF, U. (2000): Psychiatrische Begutachtung. Stuttgart.

VOLCKART, B. (1999): Maßregelvollzug. Neuwied u. a.

Andreas Marneros

Sexualmörder

Eine erklärende Erzählung

Edition Das Narrenschiff

ISBN 3-88414-284-4

Geb. mit SU, 270 Seiten, 24,90 Euro

Andreas Marneros ist Facharzt für Psychiatrie und Neurologie und erfahrener Gutachter. Über 400 Straftäter – ein beträchtlicher Teil davon Sexualdelikte – haben er und seine Mitarbeiter auf ihre Schuldfähigkeit untersucht und begutachtet.

Dieses Buch ist ein Versuch, das Erlebte und Erfahrene in Worte zu fassen. Es will helfen beim Verstehen dieser tiefgreifenden dramatischen Geschehnisse und aufzeigen, dass sich manchmal doch etwas tun lässt. Die Fälle, die in der Katastrophe endeten, sind in der Öffentlichkeit bekannt, aber die vielen Fälle, bei denen sich die Katastrophe abwenden ließ, bleiben der Öffentlichkeit verborgen. Deshalb ist dieses Buch auch ein Appell an die Fachleute, hellhöriger zu sein und schon bei frühesten Anzeichen Konsequenzen zu ziehen und entsprechende Therapien anzubieten.

»Die besondere Qualität des Buches liegt in seiner Erzählstruktur und in der für jedermann verständlichen Darstellung komplexer medizinisch-psychologischer und kriminologischer Sachverhalte. Marneros beleuchtet die gesellschaftliche Tragödie, indem er aus den Fallbeschreibungen eine umfassende Übersicht des Gesamtthemas entwickelt. Behutsam begleitet der Autor den Leser hinter die Kulisse der aus den Medien bekannten Gewalt-szenarien. Er führt ihn in eine Schattenlandschaft von Tätern und Opfern, von Richtern und Anwälten, von Therapeuten und Wächtern, die nach der Sensation der Katastrophe die jahrzehntelange Aufräumarbeit leisten müssen.« *Horst Petri, FAZ*

»Man kann nur wünschen, dass das Buch von Marneros viele Juristen, aber auch Psychiater und Journalisten lesen. Vielleicht ist diese Form der dichten Beschrei-bungen, verknüpft mit knappen und präzisen Erklärungen, geeignet, aufklärerisch zu wirken und eine irrationale und destruktive Kriminalpolitik im Umgang mit Sexualmorden ein wenig aufzuhellen.« *Dirk Fabricius*

»Der Autor informiert zuverlässig und plädiert überzeugend, hat er doch als Psychiater und Gerichtsgutachter viele Täter kennengelernt. Die Zweifel, die gegenüber den Aufgeregtheiten des Themas angebracht sind – er fängt sie auf und münzt sie um.« *Rüdiger Lautmann, Psychologie heute, Sept. 1998*

Psychiatrie-Verlag gGmbH, Thomas-Mann-Str. 49 a, 53111 Bonn, Tel. (02 28) 7 25 34-11, Fax (02 28) 7 25 34-20, E-Mail: verlag@psychiatrie.de, Internet: www.psychiatrie.de/verlag